말씀 중심의 삶

네비게이토 선교회는
국제적이며 복음적인 기독교 기관이다.
예수 그리스도께서는 자기를 따르는 자들에게
"너희는 가서 모든 족속으로 제자를 삼으라"
(마태복음 28:19)는 지상사명을 주셨다.
네비게이토 선교회는 세계 모든 국가에서
예수 그리스도의 일꾼들을 배가시켜
이 지상사명을 성취하는 일을 돕는 것을
근본 목표로 하고 있다.

네비게이토 출판사는
네비게이토 선교회의 문서 선교를 담당하고 있다.
본 출판사에서는 그리스도인의 영적 성장을 돕는
서적과 자료들을 출판하여,
그리스도인의 삶의 기초가 견고한
헌신된 제자로 성장하고,
나아가 성숙한 인격과 지도력을 갖춘
일꾼이 되도록 돕고 있다.

말씀 중심의 삶

하진승

TO KNOW CHRIST AND TO MAKE HIM KNOWN

저자 :   하 진 승

　　　　한국 네비게이토 선교회 원로 회장

차 례

Ⅰ. 하나님께 쓰임받는 그릇 ·············· 7

Ⅱ. 말씀께 부탁된 삶 ·············· 18

Ⅲ. 능력 있는 하나님의 말씀 ·············· 24
    1. 든든히 세우시는 말씀
    2. 기업이 있게 하시는 말씀
    3. 은혜의 말씀
    4. 능히 …하시는 말씀

Ⅳ. 말씀에 대한 열망과 결심 ·············· 64
    1. 말씀 섭취의 열망
    2. 말씀에 대한 결심과 실행

I. 하나님께 쓰임받는 그릇

사람은 누구나 자신이 쓰임받길 원합니다. 어린 아이들은 서로 자기가 부모님의 심부름을 하겠다고 다투기까지 하는 것을 봅니다. 그 이유 가운데 하나는 이들이 부모님께 쓰임받길 원하기 때문인 것입니다. 내가 아는 한 젊은 부부의 집에는 세 살짜리 아들이 있는데, 이 아이는 집에 걸려 오는 거의 모든 전화를 독차지하여 받곤 합니다. 내가 가끔 전화를 할 때가 있는데 그때마다 거의 이 꼬마가 받습니다. 나는 처음에 이 부부가 바쁘니까 일찍부터 아이에게 전화 받는 법을 가르쳐서 그 일을 이 아이에게 맡겨 놓은 것은 아닌가 하고 생각하기도 했습니다. 어쨌든 그 아이가 참 기특하다고 생각되었습니다.

그런데 얼마 전에 그들을 만나는 기회가 있어서 이야기를 하는 도중에 나는 그 궁금증을 털어놓았습니다. 어떻게 어린 아들만 그렇게 전화를 받느냐고 물어보았는데 그 대답은 나의 예상을 뒤엎는 것이었습니다. 아이의 엄마는 이렇게 대답했던 것입니다. "글쎄, 전화가 올 때마다 자기가 받겠다고 아우성이지 뭐예요. 다른 사람이 받으려고 해도, '내가 받을게, 내가 받을게' 하면서 달려들어 자기가 받거든요." 그 아이는 내가 전화를 하여 그의 부모를 바꿔 달라고 하면 곧잘 바꿔 주기도 합니다. 이제 그는 명실공히 그 집의 전화 교환원으로서의 위치를 굳힌 셈입니다. 그리하여 전화 받는 일에서만큼은 누구에게도 양보하지 않으려는 것이 분명합니다. 이것은 그 아이가 전화 받는 일에서 쓰임받기를 그토록 갈망하기 때문이라고 생각합니다.

만약 누구든지 이 세상에 태어나서 자기가 쓸모없는 사람이라고 여겨진다면 전혀 삶의 가치를 못 느낄 만큼 심각하게 생각될 것입니다. 잠시 동안인 이 땅에서 쓸모없는 사람이 된다는 것이 이처럼 심각하게 생각된다면 영원하신 하나님께 쓸모없는 사람이 된다는 것은 얼마나 더 심각한 것이겠습니까? 그러므로 우리도 하나님께 쓰임받는 일에 나설 때에는 꼬마 아이가 전화 받는 일에 나타내 보였던 것 못지않은 적극성을 보여야 마땅하다고 생각합니다. 또한 우리가 하나님께 쓰임받고자 할 때에는 이런 적극성과 아울러 하나님께서 과연 어떤 사람을 쓰시는가를 명확하게 아는 것이 꼭 필요하다고 봅니다.

디모데후서 2:21-22 말씀을 보면 하나님께서는 우선 깨끗한 그릇으로 예비된 사람을 쓰시는 것을 알 수 있습니다. "그러므로 누구든지 이런 것에서 자기를 깨끗하게 하면 귀히 쓰는 그릇이 되어 거룩하고 주인의 쓰심에 합당하며 모든 선한 일에 예비함이 되리라. 또한 네가 청년의 정욕을 피하고 주를 깨끗한 마음으로 부르는 자들과 함께 의와 믿음과 사랑과 화평을 좇으라."

그릇 중에는 금이나 은같이 귀한 재료로 만든 값비싼 것도 있고 나무 그릇이나 질그릇같이 평범하고 싼 것도 있습니다. 여러 종류의 그릇 중에서 음식을 먹는 데 사용할 그릇을 선택할 때에는 그 그릇의 재료가 무엇인가를 알아보기에 앞서 그 그릇이 얼마나 깨끗한가를 먼저 살피게 됩니다. 만약 우리 앞에 재료는 금이나 은으로 된 것이지만 때가 잔뜩 낀 더러운 그릇에 담긴 음식이 있고, 또 그 옆에 모양은 별로 없지만 깨끗이 씻은 질그릇에 담긴 음식이 있다면 어느 그릇의 음식을 먹겠습니까? 누구나 더러운 금은 그릇이 아니라 깨끗한 질그릇에 담긴 음식을 택하여 먹을 것입니다. 하나님께서도 이와 같이 깨끗한 그릇을 택하여 쓰십니다. 비록 타고난 재능은 금이나 은처럼 귀할지라도 깨끗하지 못하면 하나님께 쓰임받지 못하는 것입니다. 그러므로 우리는 무엇보다도 자기 자신을 깨끗한 그릇으로 예비하는 일에 힘써야 합니다.

그러면 우리 각자가 하나님이 쓰시는 깨끗한 그릇으로 예비되려면 어떻게 해야 합니까? 시편 기자는, "청년이 무엇으로 그 행실을 깨끗케 하리이까? 주의 말씀을 따라 삼갈 것이니이다"(시편 119:9)라고 했습니다. 주님의 말씀을 따라 사는 것이 곧 자신을 깨끗케 하는 길이라고 하였습니다. 또한 디모데후서 3:16-17 말씀에 보면 "모든 성경은 하나님의 감동으로 된 것으로 교훈과 책망과 바르게 함과 의로 교육하기에 유익하니, 이는 하나님의 사람으로 온전케 하며 모든 선한 일을 행하기에 온전케 하려 함이니라"고 하였습니다. 이와 같이 성경 말씀은 우리를 깨끗한 그릇으로 예비해 줄 뿐만 아니라 더 나아가 하나님께서 원하시는 모든 선한 일을 행하기에 조금도 부족함이 없게 준비시켜 줄 수 있습니다.

그리스도인에게 있어서 하나님의 말씀은 마치 물고기에 있어서 물과 같은 것입니다. 물을 떠나서 사는 물고기를 생각할 수 없듯이 하나님의 말씀을 떠나서 사는 그리스도인도 생각할 수 없습니다. 물고기가 물속에서 헤엄치며 먹이를 얻고 호흡을 하며 성장하고 살아가듯이 그리스도인도 바로 하나님의 말씀 속에서 삶의 양식을 얻고 성장하며 살아가야 합니다. 하나님의 말씀이 바로 그리스도인의 삶의 터전이 되고 생활의 양식이 되어야 하는 것입니다. 하나님께서는 이렇게 말씀 속에서 사는 사람을 그의 쓰심에 부족함이 없게 온전케 해주신다고 약속하셨습니다.

주님께 쓰일 수 있는 온전한 사람으로 성장하기 위해서는 말씀을 스스로 섭취할 수 있어야 합니다. 만약 어떤 아이가 10살이 넘도록 스스로 음식을 먹지 못한다면 이것처럼 심각한 문제도 없을 것입니다. 아이가 남이 먹여 주어야 겨우 먹고 스스로는 거의 먹지 않을 때 그 부모의 마음은 얼마나 답답하고 안타깝겠습니까? 그런데 영적인 시야로 주위를 둘러보면 이와 같이 심각한 문제를 안고 있는 사람이 실제로 많이 있는 것을 발견하게 됩니다. 그리스도인이 된 지 꽤 오랜 세월이 지났는데도 여전히 다른 사람의 공급에만 의지하여 말씀을 섭취하는 사람이 바로 그런 사람입니다.

우리는 어렸을 때 음식 먹는 법을 배우기 위하여 때로는 음식을 온통 엎지르기도 하고 흘리기도 하고 옷이나 방바닥을 더럽히기도 하는 과정을 거쳤던 것을 기억할 것입니다. 먹여 주는 젖이나 먹다가 스스로 여러 가지 음식을 먹을 수 있게 되기까지는 누구나 그런 일종의 훈련 과정이 있었던 것입니다. 스스로 말씀을 섭취할 줄 아는 그리스도인이 되기 위하여도 역시 이와 같은 훈련이 필요합니다. 음식을 스스로 섭취하지 못할 때 제대로 성장하지 못하는 것과 마찬가지로 그리스도인이 스스로 말씀의 양식을 섭취하지 못한다면 주님의 쓰심에 합당한 자로 온전하게 성장할 수 없습니다.

펠리컨 새에 관하여 이런 이야기를 들은 적이 있습니다. 미국 캘리포니아 연안에 위치한 몬트레이 마을은 오랫동안 펠리컨들의 천국이었다고 합니다. 어부들이 잡아 올린 물고기를 씻을 때 잔챙이는 모두 던져 버렸는데 이것이 펠리컨들에게는 기가 막힌 먹이가 되기 때문이었습니다. 나중에 펠리컨들은 스스로 물고기를 잡는 일이 거의 없어지다시피 했는데, 이것은 그들이 사방에 널린 잔챙이들을 마음껏 먹을 수 있었기 때문이었습니다. 그들은 대단히 만족스러웠으며 날로 살이 찌고 한편으로 게을러져 갔습니다. 그런데 어느 날부터인가 어부들이 던져 버리던 그 잔챙이 고기들이 상업적으로 활용되기 시작하자 펠리컨들이 주워 먹을 만한 것이 더 이상 없게 되었습니다.

  이런 변화가 생겼는데도 펠리컨들은 스스로 먹이를 구할 생각은 않고 여전히 버려진 것만 찾아다녔습니다. 여기저기 막연히 어슬렁거리다가 제자리로 돌아오곤 했는데, 점점 야위고 기운을 잃어 갔습니다. 결국 펠리컨들은 한두 마리씩 굶어 죽기 시작하더니 계속 그 숫자가 늘어 갔습니다. 이것을 본 어부들은 도대체 왜 굶어 죽는지 의아하기만 했습니다. 어부들은 여러 가지로 대책을 생각한 끝에 한 가지 묘책을 찾아냈는데, 그것은 좀 멀리 떨어진 남쪽 지방으로부터 먹이를 스스로 잡을 줄 아는 펠리컨을 몇 마리 수입하여 풀어놓는다는 것이었습니다. 그 방법은 적중하였습니다. 새로 온 이 펠리컨들이 그들 굶어 죽어 가던 친구들에게로 들어가자 변화가 일어나기 시작하였습니다. 새로 온 친구들이 능숙하게 물고기를 잡아먹는 것을 보고 그 굶주리던 펠리컨들도 물고기를 잡기 시작했던 것입니다. 이리하여 어처구니없이 굶어 죽어 가던 펠리컨들의 문제는 해결되었다고 합니다.

우리도 다른 사람이 우리를 영적으로 먹여 주는 데에 너무도 익숙해져서 스스로 말씀 속에서 영적 양식을 섭취하는 법을 잊어버리고 있지는 않습니까? 다른 사람을 통하여 영적으로 채움을 받는 것은 물론 필요합니다. 하지만 그것에만 의존하면 굶어 죽어 가던 펠리컨들처럼 될 염려가 있습니다. 하나님께서는 우리 각 사람이 스스로, 또한 규칙적으로, 말씀을 읽고 공부하고 암송하며 묵상함으로써 자신의 영적인 필요를 채울 줄 아는 자들로 성장해 가길 원하십니다.

하나님의 말씀은 그리스도인의 삶에 있어도 되고 없어도 되는 부수적인 것이나 심지어는 장식용에 그치는 것이 아니라 결코 빼놓을 수 없는 핵심적인 것입니다. 주님께서는 "사람이 떡으로만 살 것이 아니요, 하나님의 입으로 나오는 모든 말씀으로 살 것이라"(마태복음 4:4)고 말씀하셨습니다. 우리의 육신이 먹지 않으면 살 수 없는 것과 같이 우리의 영적인 삶은 하나님의 말씀 없이는 결코 유지될 수 없습니다. 예레미야 선지자는 "만군의 하나님 여호와시여, 나는 주의 이름으로 일컬음을 받는 자라. 내가 주의 말씀을 얻어먹었사오니 주의 말씀은 내게 기쁨과 내 마음의 즐거움이오나"(예레미야 15:16)라고 하였습니다. 참으로 주님의 말씀은 우리에게 기쁨과 즐거움을 줄 뿐만 아니라 영적인 삶의 성장을 가져오는 순전하고 신령한 젖입니다. 시편 기자는 그 말씀의 맛이 꿀보다도 더 달다고 하였습니다. "주의 말씀의 맛이 내게 어찌 그리 단지요 내 입에 꿀보다 더하니이다"(시편 119:103). 예레미야 선지자나 시편 기자는 이와 같이 하나님의 말씀의 참맛을 알고 즐거움과 기쁨 가운데 섭취하여 그것으로 양식을 삼았던 게 분명합니다. 우리 각자는 어떻습니까? 그저 의무적으로 말씀을 대하고 있습니까, 아니면 즐거운 마음과 왕성한 식욕으로 말씀을 대하고 있습니까? 혹은 아직까지도 스스로 말씀을 섭취하는 일은 없이 다른 사람의 공급에만 의존하고 있지는 않습니까?

술주정뱅이가 술에 잠기기를 좋아하는 것 이상으로 우리는 말씀 속에 침잠해 있기를 즐겨 해야 다른 사람들을 변화시키고 영향을 줄 수 있습니다. 하나님의 말씀은 사람을 근본적으로 변화시키는 능력이 있기 때문입니다. 사실은 우리의 거듭난 삶 곧 영적인 생명 자체가 이 말씀으로 말미암은 것임을 기억해야 합니다. "너희가 거듭난 것이 썩어질 씨로 된 것이 아니요 썩지 아니할 씨로 된 것이니 하나님의 살아 있고 항상 있는 말씀으로 되었느니라"(베드로전서 1:23). 이와 같이 하나님의 말씀은 그리스도인의 삶에서 한 끼라도 거를 수 없는 영적인 양식인 동시에 또한 우리 생명의 원천인 것입니다. 그러므로 우리가 이 말씀을 생명처럼 여기며 이를 중심으로 살아야 하는 것은 너무도 당연한 것입니다.

그러면 실제적으로 어떻게 사는 것이 말씀 중심의 삶을 사는 것이겠습니까? 단순히 성경 말씀을 많이 아는 것이겠습니까? 아니면 말씀을 많이 암송하는 것이겠습니까? 또는 성경에 대한 고고학적인 증거라든가 그 신학적 이론 등을 잘 알고 설명할 수 있으면 말씀 중심의 삶을 살게 되는 것입니까? 말씀 중심의 삶을 살기 위해서는 물론 이런 요소들이 필요하며 도움이 될 것입니다. 그러나 단지 말씀을 많이 알고 있는 것만으로는 말씀 중심의 삶을 살고 있다고 볼 수 없습니다. 말씀에 관한 주변 지식을 많이 알고 있다고 하여 말씀 중심의 삶을 살게 되는 것도 아닙니다. 하나님의 말씀이 그의 삶을 통하여 나타날 때에야 비로소 그 사람은 말씀 중심의 삶을 살고 있다고 말할 수 있는 것입니다. 즉, 말씀이 그의 중심에 거하여 그의 모든 영역의 삶에 잘 적용되어 나타날 때 그 사람은 말씀 중심의 삶을 살고 있는 것입니다.

그런데 우리 각자의 삶은 어떻습니까? 과연 우리 삶을 통하여 하나님의 말씀이 나타나고 있습니까? 말씀 중심의 삶을 살고 있지 못하다면 그 이유는 무엇입니까? 혹은 각자가 말씀 중심의 삶을 살고자 한다면 그 개인적인 동기와 확신은 무엇입니까? 또 우리는 어떻게 하면 우리 삶의 방식을 말씀 중심으로 발전시킬 수 있겠습니까? 사도행전 20:32 말씀은 이러한 점들에 더하여 아주 간결하면서도 의미심장한 교훈을 주고 있습니다. 사도 바울은 이 말씀에서 성도들을 하나님의 말씀께 부탁하였습니다. 그렇게 부탁하게 된 배경과 이유들을 살펴보면 말씀 중심의 삶의 원리들을 배우고 하나님께 쓰임받는 귀하고 깨끗한 그릇으로 예비되는 데에 큰 도움을 얻게 되리라 믿습니다.

II. 말씀께 부탁된 삶

지금 내가 너희를 주와 및 그 은혜의 **말씀께 부탁하노니**, 그 말씀이 너희를 능히 든든히 세우사 거룩케 하심을 입은 모든 자 가운데 기업이 있게 하시리라.
(사도행전 20:32)

이 구절의 말씀은 사도 바울이 제3차 전도 여행을 마치고 돌아오는 길에 밀레도라고 하는 곳에서 에베소 교회 장로들을 초청하여 그들에게 작별의 메시지로 전한 말씀 중에 나오는 한 구절입니다. 그 당시 바울은 오순절 안에 예루살렘에 도착하기 위하여 발걸음을 매우 재촉하고 있었습니다. 평상시 같으면 돌아오는 길에 에베소 교회에도 들러 그곳 성도들의 삶을 돌아보며 격려하고 싶었겠지만 그럴 만한 시간적 여유가 없었습니다. 그는 서둘러 뱃 길을 이용하여 돌아오느라고 에베소는 그냥 지나칠 수밖에 없었고 마침내 도착한 곳이 밀레도라고 하는 곳이었는데 에베소로부터는 약 60킬로미터 정도 떨어진 곳이었습니다. 그러나 바울은 일정이 바빠서 에베소에 직접 들르지는 못했지만 그곳 교회의 형편을 돌아보지 않고는 결코 마음이 가벼울 수가 없었습니다. 그리하여 사도 바울은 잠시 밀레도에 머무는 동안 사람을 에베소에 보내어 교회 장로들을 자기가 있는 곳으로 초청한 뒤 그들에게 메시지를 전했습니다.

그 모임의 분위기는 너무도 숙연하였습니다. 바울은 자신이 전에 에베소를 방문했을 때 어떻게 사역하였던가를 회고해 본 뒤, 자신은 하나님께서 주신 사명을 마치려 함에는 자기 생명을 조금도 귀한 것으로 여기지 않는다고 말했습니다. 그리고 다시는 그의 얼굴을 보지 못할 것이라고 했습니다. 예루살렘에 가면 무슨 일을 만날는지 몰랐습니다. 결박과 환난이 그를 기다리고 있다는 것은 분명했습니다. 어쩌면 죽음을 당하게 될지도 몰랐습니다. 그 자리에 모인 사람들은 바울의 이러한 메시지를 듣고 모두 크게 울었습니다. "다 크게 울며 바울의 목을 안고 입을 맞추고, 다시 그 얼굴을 보지 못하리라 한 말을 인하여 더욱 근심하고 배에까지 그를 전송하니라"(사도행전 20:37-38).

사도행전 20:32의 말씀은 이런 비장하기까지 한 분위기 가운데서 전한 작별의 메시지 중에 나오는 한 구절입니다. 사도 바울은 이 구절의 말씀을 통하여 에베소 교회 성도들을 주와 및 그 은혜의 말씀께 부탁한다고 하였습니다. 마치 비장한 각오를 하고 전장에 나서는 한 가정의 가장이 그 자녀들을 의지할 만한 누군가에게 맡기는 장면을 연상하게 됩니다. 사랑하는 자녀들을 누구에게 맡기겠습니까? 가장 믿을 만하며 돌볼 능력이 있는 사람에게 맡기지 않겠습니까? 사도 바울은 주님께 그리고 그 은혜의 말씀께 그들을 부탁하였습니다. 우리가 말씀 중심의 삶을 살아야 하는 이유는 바로 여기서 발견됩니다. 즉, 우리는 하나님의 말씀께 맡겨졌고 말씀은 전적으로 우리 삶을 책임져 주시기 때문입니다. 그러므로 우리는 당연히 우리 삶 전체를 책임져 주시는 이 하나님의 말씀을 중심으로 하여 살아야 하는 것입니다.

사도 바울이 에베소 교회 장로들을 주님과 그 은혜의 말씀께 부탁하게 된 경위는 대강 이와 같았습니다. 우리는 이러한 상황에서 준비되고 전해진 바울의 메시지에 결코 간과할 수 없는 몇 가지 중대한 의미가 담겨 있음을 알아야 합니다.

첫째로, 이 말씀은 바울이 에베소 교회 장로들과 작별할 때에 **마지막으로** 전한 말씀이기 때문에 중대한 의미가 있습니다.

그는 우연한 기회에 에베소 교회 장로들을 만나 이야기를 나눈 것이 아니고 특별한 계획을 가지고 그들을 초청하여 만났던 것입니다. 사람을 초청할 때에는 분명한 목표와 필요성이 있기 때문에 그렇게 하는 것입니다. 특히 이 경우 바울은 예루살렘으로 급히 돌아가는 매우 바쁜 여행길에 있었기 때문에 참으로 특별한 관심과 계획이 없이는 사람들을 자기 있는 곳으로 초청하지 않았을 것입니다. 그리고 그때 전해야 할 메시지가 있다면 그것은 이러한 목표와 필요성에 따라 면밀하게 준비될 것이며 그 내용에는 전하는 사람의 관심이 그대로 반영될 것입니다. 바울의 메시지가 그러했습니다. 특히 그는 앞으로 다시 못 만나게 될지도 모르는 상황이었기 때문에 평소 자기가 심중에 가장 중요하다고 생각해 온 내용을 그들에게 전했을 것이 틀림없습니다. 또한 그것은 에베소 교회 성도들에게 가장 필요하다고 생각되는 내용들을 가장 심사숙고하여 전한 것이었을 것입니다.

둘째로, 이 말씀은 문제에 대한 해결책으로 준 것이라는 점입니다.

그 앞의 29절 말씀을 보면 사도 바울이 떠나고 난 뒤에 어떤 문제가 발생할 것인지 내다본 내용이 나옵니다. "내가 떠난 후에 흉악한 이리가 너희에게 들어와서 그 양떼를 아끼지 아니하며." 그러므로 바울은 자신이 떠난 뒤에 생겨날 이런 문제들을 어떻게 해결할 것인지에 대하여 매우 고심했을 것입니다. 결국 그가 주님 안에서 발견한 해결책은 다른 것이 아니라 바로 그들을 주님과 그 은혜의 말씀께 부탁하는 것이었습니다. 바울은 자기가 이제 그들을 떠나 다시는 만나지 못하더라도, 그들에게 어떤 문제가 일어날 때마다 그것을 해결할 능력은 오직 주님과 그 은혜의 말씀께 있다는 것을 확신하고 그들을 맡길 수 있었습니다.

언젠가 우리에게도 영적으로 방해를 부리는 흉악한 이리들이 몰려와서 우리를 아끼지 않고 해치려는 일이 일어날 수 있습니다. 많은 사람들이 이런 경우에 말씀보다는 자신의 경험이나 지혜로 해결하려는 경향이 있으나, 그럴 때마다 우리는 그 문제의 해결책이 바로 주님과 그 은혜의 말씀께 있음을 확신해야 합니다. 그리하여 우리 자신의 어떤 묘책을 생각하기에 앞서서 문제를 가지고 먼저 주님께로 나아가고 그의 말씀 안에서 해결책을 찾아야 하는 것입니다.

셋째로, 이 말씀은 또한 직접적으로는 에베소의 교회 지도자들을 상대로 하여 전한 말씀이라는 점에서 중대한 의미가 있습니다.

흔히 지도자들에게 필요한 것은 영적 지도력이나 선교의 전략과 비전, 교회 운영 방법이나 행정 조직에 관한 지식, 또는 사람을 선발하는 방법이나 지도자로서 갖추어야 할 여러 가지 인격적 특성 등이라고 생각하고 있고 그들에게 이런 것들을 가르쳐야 한다고 믿고 있습니다. 물론 지도자들에게 이런 면들이 필요하고 또 이런 면에서 많이 가르쳐야 하는 것은 사실입니다. 누구보다도 사도 바울은 이런 점을 잘 알고 있었을 것입니다. 그럼에도 불구하고 그는 에베소 교회 장로들에게 다른 많은 것들을 가르치기보다 그들을 단지 하나님의 말씀께 부탁하기만 했던 것입니다. 비록 지도자라 할지라도 하나님의 말씀 중심의 삶을 사는 것이 다른 무엇보다도 필요하기 때문이었습니다. 지도자들이 그러하다면 영적으로 어린 그리스도인이나 다른 평범한 그리스도인 역시 이 말씀 중심의 삶을 살아야 하는 것은 더 말할 나위가 없습니다.

III. 능력 있는 하나님의 말씀

앞에서 우리는 사도 바울이 에베소의 성도들을 말씀께 부탁하게 된 배경과 그 안에 담긴 중대한 의미들을 생각해 보았습니다. 오늘날 우리의 삶도 마찬가지로 하나님의 말씀께 부탁되어 있음을 명심해야 합니다. 그리스도의 몸 된 교회 안에서 맡은 역할이 무엇이든지 모든 그리스도인은 말씀을 떠나서는 영적 활력을 얻을 수 없습니다. 예수님께서 말씀하셨습니다. "살리는 것은 영이니 육은 무익하니라. 내가 너희에게 이른 말이 영이요 생명이라"(요한복음 6:63). 참으로 그리스도인으로서의 생명은 하나님의 말씀 안에 있는 것입니다. 그리스도인으로 하여금 생명력이 넘치고 살아 움직이게 하는 것은 곧 그분의 말씀인 것입니다. 사도행전 20:32은 우리를 부탁받아 책임지고 있는 하나님의 말씀이 우리 삶을 통하여 어떤 일을 하시며 어떤 능력을 나타내시는지를 보여 주고 있습니다. 이 점에 대하여 좀 더 구체적으로 살펴보도록 하겠습니다.

1. 든든히 세우시는 말씀

지금 내가 너희를 주와 및 그 은혜의 말씀께 부탁하노니, 그 말씀이 너희를 능히 **든든히 세우사**….

흔히 세상 사람들은 자기가 배운 어떤 학문이나 기술 또는 자기가 가지고 있는 재물이나 권력, 자기가 다니는 직장이나 태어난 가문 등이 자기를 든든히 세울 수 있는 것이라고 믿으며 살고 있습니다. 그리하여 이런 것이 없든지 변변치 못하면 마치 태풍 앞에 홀로 서 있는 양 불안을 느끼곤 합니다. 그러나 사실 이 모든 것을 가졌다고 해서 든든한 반석 위에 서 있다고 볼 수는 없습니다. 왜냐하면 이런 세상적인 것들은 아무리 든든하게 보여도 순식간에 무너지고 사라져 버릴 수 있는 것이기 때문입니다. 하나님의 말씀에 기초한 것이 아니면 모래 의에 세운 집같이 쉽게 무너져 버릴 수 있습니다.

그러나 영원한 하나님의 말씀을 기초로 하여 세워진 삶은 반석 위에 지은 집같이 든든하다고 하였습니다. "그러므로 누구든지 나의 이 말을 듣고 행하는 자는 그 집을 반석 위에 지은 지혜로운 사람 같으리니, 비가 내리고 창수가 나고 바람이 불어 그 집에 부딪히되 무너지지 아니하나니 이는 주초를 반석 위에 놓은 연고요"(마태복음 7:24-25). 이 사실을 사도 바울은 잘 알고 있었기 때문에 성도들을 말씀께 부탁했던 것입니다. 말씀이 능히 그들 삶의 흔들리지 않는 기초가 되어 그들을 든든히 세워 줄 수 있기 때문이었습니다.

그러면 말씀에 기초를 둔 삶의 모습은 과연 어떤 것이겠습니까? 말씀에 기초를 두고 있다는 것은 단지 말씀을 많이 알고 있는 것과는 다릅니다. 이것은 어떤 건물이 단지 땅을 많이 차지하고 있다고 해서 그 기초가 튼튼하다고 볼 수 없는 것과 마찬가지입니다. 튼튼한 기초는 땅을 많이 차지하는 것만으로 되는 것이 아니라, 그 땅을 깊이 파고 그 밑의 반석 위에 기둥을 견고하게 고정시킴으로써 이루어지는 것입니다. 건물 중에는 이렇게 땅을 깊이 파 내려가 그 밑의 암반 위에 기초를 세운 것이 있는데 이런 건물은 외부로부터 가해지는 웬만한 충격에는 끄떡도 않습니다.

그러나 가끔 길거리에서 볼 수 있는 것으로 임시로 사용하기 위해 만들어진, 알루미늄 따위로 만든 조립식 집은 땅을 파고 기초를 세운 것이 아니라 그냥 평평한 장소에 옮겨다 놓기만 한 것인 경우가 많습니다. 또는 여름철 해수욕장 등에 들어서게 되는 각종 천막집은 모래 위에 대강 기둥을 박고 그 위에 천막을 두른 정도로 하여 지은 집입니다. 이런 식으로 지은 집은 사실 땅은 차지하고 있어도 기초는 없는 셈입니다. 이렇게 기초가 없는 집은 이리저리 옮겨 다니기에는 편리할지 모르지만 약간 거센 바람이라도 불면 이내 넘어져 버리거나 날아가 버리고 맙니다.

그리스도인의 삶에 있어서도 마찬가지입니다. 그 삶이 말씀에 깊이 뿌리를 박고 말씀과 밀접하게 연결되어 있으면 곧 말씀에 기초를 두고 있다고 할 수 있습니다. 반돈에 말씀을 비록 알고는 있지만 그 말씀과 상관없는 삶을 살고 있는 사람은 말씀에 기초를 두고 있지 못한 것입니다. 이런 사람은 어떤 때는 말씀에 연결된 삶을 사는 것처럼 보이다가도 자기 편의대로 세상 철학이나 풍습 또는 자기 욕심의 기초 위로 그때그때 옮겨 다니며 삽니다. 자기 편리한

대로 이리저리 천막집을 옮기듯, 혹은 포장마차를 끌고 다니듯 살아가는 것입니다. 그러다가 어떤 어려움에 처하면 쉽게 넘어져 버리고 맙니다.

날씨가 좋아 바람 한 점 없고 청명한 날에는 바닷가 모래 위에 지은 천막집도 흔들림 없이 잘 유지될 수 있습니다. 그런 때는 비록 종이로 만든 집일지라도 매우 아름답게 유지될 수 있을 것입니다. 어쩌면 낭만적이라는 생각이 들지도 모르겠습니다. 하지만 이런 것은 만약 비가 온다든가 거센 바람이 불면 이내 찢겨져 추한 모습으로 바뀌고 날아가 버리고 맙니다. 이것은 영적으로도 마찬가지입니다. 우리가 돈이 있고 건강하며 환경적으로 아무 도전도 없을 때는 말씀에 기초를 둔 삶을 사는 사람이나 그렇지 않은 사람이나 별 차이가 없어 보입니다. 그러므로 이런 때는 올바른 자기 평가를 하기 어렵습니다. 자기 삶의 기초가 과연 든든한 것인지 아니면 모래 위에 대강 세워져 있는 것처럼 허술한 것인지 분별할 수가 없습니다.

그러나 평안한 시기를 지나 곤경에 처하게 될 때 그 진면목은 드러나게 됩니다. 예레미야 12:5에 보면, "네가 평안한 땅에서는 무사하려니와 요단의 창일한 중에서는 어찌하겠느냐?"고 도전하고 있습니다. 평안한 땅에서는 누구나 무사합니다. 그러나 어려움에 처하게 될 때는 과연 어찌하겠습니까? 현재 내가 무사하다면 그것은 환경적 도전이 없기 때문입니까? 아니면 갈쑴이 내 삶의 기초가 되어 있기 때문입니까? 이에 대한 올바른 평가가 각자에게 꼭 필요합니다.

애굽을 나온 여호수아와 이스라엘 백성이 마침내 약속의 땅을 눈앞에 두고 요단강 가에 서게 되었을 때 강물은 언덕을 넘칠 듯이 흘러가고 있었습니다. 그동안 평안한 땅에서는 무사했다지만 이처럼 삼킬 듯이 무섭게 흐르는 요단강을 건너야 할 상황에 처하게 되어서는 어찌하겠습니까? 하나님의 말씀에 기초를 두지 못한 사람은 그 넘쳐흐르는 강물의 기세에 압도되어 그 자리에서 발만 동동 구르든지 아니면 낙담한 나머지 그 자리에 주저앉아 버리고 말 것입니다. 그러나 여호수아는 하나님의 말씀에 견고한 기초를 둔 삶을 살아왔었기 때문에 이때도 오직 여호와 하나님의 말씀을 기초로 하여 강을 건넜습니다. 하나님께서는 여호수아에게, "너는 언약궤를 멘 제사장들에게 명하여 이르기를 '너희가 요단 물가에 이르거든 요단에 들어서라' 하라"고 명하셨고, 여호수아는 그 말씀대로 실행하여 하나님의 놀라운 이

적을 경험하며 안전하게 요단강을 건널 수 있었습니다(여호수아 3장 참조). 여호수아는 결코 자기의 판단이나 경험을 기초로 하여 강을 건너려 하지 않고 오직 하나님의 말씀대로 건넜던 것입니다.

이렇게 자기 삶이 말씀의 기초 위에 세워져 있는 사람은 그 주위에 일어나는 모든 영적인 도전에 대하여 두려움 없이 대처할 수 있습니다. 그 사람은 이런 도전에 직면하였을 때 그것을 말씀으로 진단하고 판단하며, 그것에 대한 어떤 결정을 내릴 때도 말씀을 기초로 하여 하고, 또한 결정한 것을 실천하는 것도 말씀을 기초로 하여 합니다. 즉, 그의 모든 영역의 삶이 말씀과 연결되어 이루어지는 것입니다. 이와 같이 말씀이 그의 사고방식과 의식 구조를 형성하고 또한 말씀 속의 가치관이 그의 삶의 개인적인 가치관으로 확립되었을 때 비로소 그의 삶은 말씀의 기초 위에 서 있다고 말할 수 있는 것입니다.

모든 사람은 그가 속한 사회의 문화 속에서 그 전통의 영향을 받으며 살고 있습니다. 그러므로 그의 사고방식은 어느 정도 그 문화를 기초로 하여 형성되어 있다고 할 수 있습니다. 그렇기 때문에, 만약 우리의 사고방식이나 가치관 및 의식 구조가 말씀의 기초 위에 서 있으려면 말씀 자체가 바로 우리의 문화가 되어야 하는 것입니다. 하나님의 말씀이 우리의 문화가 될 때 우리는 자연스러운 가운데서도 하나님의 말씀을 따라 살 수 있게 됩니다. 말씀 안에 거하는 삶이란 바로 이런 것입니다.

그러면 말씀을 기초로 한 삶은 실제로 그리스도인의 삶에서 어떻게 나타나야 할 것인지 한 가지 구체적인 예를 들어 생각해 보겠습니다. 어떤 사람이 잠언 3:5-6의 말씀을 잘 암송하고 있다고 해봅시다. "너는 마음을 다하여 여호와를 의뢰하고 네 명철을 의지하지 말라. 너는 범사에 그를 인정하라. 그리하면 네 길을 지도하시리라." 지금 그는 이 말씀을 암송하고 있을 뿐만 아니라 그 의미도 잘 이해하고 있습니다. 그런데 어느 날 갑자기 자기 집에 쌀이 떨어졌습니다. 가족들의 생계를 책임져야 하는 가장으로서 쌀이 떨어진 것을 확인한 순간 그의 머릿속에, '아, 내가 잘 아는 친구에게 찾아가서 돈을 좀 꾸어 와야겠다. 급한 대로 한 열흘 정도는 그것으로 양식을 마련하고 나중에 월급을 받으면 갚아야겠다' 하는 식의 생각이 먼저 든다면, 그는 아직 잠언 3:5-6 말씀이 그의 의식 구조 또는 사고방식을 형성하고 있지 못한 것입니다. 그 말씀이 아직 그의 문화를 형성하고 있지 못한 것입니다. 왜냐하면 비록 그가 잠언 3:5-6 말씀을 암송하고는 있지만 그의 사고방식은 여전히 '돈이 없으면 빌려 쓴다'는 일반적인 세상 풍습에 기초를 두고 있기 때문입니다. 그의 사고방식은 범사에 주님을 인정하고 그를 의뢰하라는 말씀을 기초로 하여 형성되어 있지 못한 것입니다.

그러나 만약 그가 이 경우에 순간적으로 이 말씀을 기억하며 양식을 위해 먼저 하나님께 기도하고 그를 의뢰하는 가운데 그 인도하심대로 양식을 구하고자 한다면 그는 말씀의 기초 위에 서 있는 것입니다. 이렇게 될 때 그는 쌀을 공급받는 축복을 받을 뿐만 아니라 그 이상의 것을 하나님께로부터 배우게 됩니다. 자신의 규모 없는 삶에 대하여 새롭게 평가하며 지혜를 배울 수도 있고, 실제로 살아 계시며 기도에 응답하시는 하나님을 경험할 수도 있으며, 또한 사람에 따라서는 자기가 생각한 대로 쌀은 공급받지 못해도 이런 기회를 통하여 오히려 더 귀한 교훈들을 배우게 될 수도 있습니다. 그러나 자기 명철을 따라 빌려 쓰는 것으로 그치는 사람은 하나님의 은혜를 경험하는 기회를 놓치고 맙니다.

또는 이 말씀을 잘 암송하고 있는 사람이 어느 날 갑자기 병이 나게 되었을 때 그의 즉각적인 반응이, '아, 약방을 가봐야지' 하는 것이라면 역시 말씀이 그의 삶의 기초가 되어 있지 못한 상태에 있는 것입니다. 이 사람은 아직 자신의 경험과 습관에 따라 생각하고 판단하고 있는 것입니다. 물론 우리는 약도 필요하고 의원도 필요합니다. 그러나 말씀으로 사는 사람은 모든 것보다 먼저 하나님께 기도하는 영적인 습관이 있어야 합니다. 기도로 자신의 병을 하나님께서 치료하여 주시길 의뢰하는 가운데 치료 방법을 결정하고 그에 따라 행하는 것이 말씀을 기초로 한 삶의 모습입니다.

느헤미야는 어려움이 있을 때마다 먼저 하나님을 의뢰하는 것이 습관화되어 있었습니다. 그는 바사 왕궁에 관원으로 있을 때 고국의 예루살렘 성이 훼파되고 동족 이스라엘은 큰 환난 가운데 있다는 소식을 전해 듣고 여러 날 동안 슬퍼하는 가운데서도 먼저 하나님께 기도하였으며, 특별히 옛적에 하나님께서 모세를 통해 약속으로 주신 말씀을 주장하면서 간절히 구했습니다(느헤미야 1장 참조). 바사 왕 아닥사스다는 느헤미야가 전과 달리 얼굴에 수심이 깃들어 있는 것을 보고 무슨 근심이 있으며 무엇을 원하느냐고 물었습니다. 왕 앞에서 느헤미야는 크게 두려웠습니다. 그의 마음에 있는 소원은 예루살렘 성을 중건하게 해달라는 것이었는데 이것을 왕에게 이야기한다는 것은 생명의 위험을 무릅쓰는 것이기 때문이었습니다. 그 소원은 왕이 자칫 오해라도 하면 변명할 수 없는 반역 행위로 여겨질 수 있는 것이었던 것입니다. 느헤미야는 이처럼 슬픔과 두려움이 한꺼번에 엄습한 상황에서 먼저 순간적으로 하나님께 기도하였습니다. "왕이 내게 이르시되, '그러면 네가 무엇을 원하느냐?' 하시기로 내가 곧 하늘의 하나님께 묵도하고 왕에게 고하되…"(느헤미야 2:4-5). 왕의 질문을 받고 그는 극히 짧은 순간이나마 먼저 하나님께 기도하고 나서 왕에게 자기 마음을 털어놓았고 결국 왕의 허락은 물론 지원까지 받아 성을 중건할 수 있었습니다. 느헤미야는 이와 같이 하나님을 의뢰하는 삶이 습관화되어 있었습니다. 우리가 잠언 3:5-6 말씀의 기초 위에 서려면 느헤미야가 순간순간 하나님을 의뢰하였듯이 범사에 주님을 의뢰하는 것이 습관화되어야 하는 것입니다.

열왕기하 5장을 보면 아람 왕의 군대장관 나아만이 선지자 엘리사를 찾아가 문둥병을 고침받는 이야기가 나옵니다. 그는 처음에 엘리사의 말을 듣고 자신이 처음에 기대했던 바와 다르다고 화를 내며 물러갔습니다. "나아만이 노하여 물러가며 가로되, '내 생각에는 저가 내게로 나아와 서서 그 하나님 여호와의 이름을 부르고 당처 위에 손을 흔들어 문둥병을 고칠까 하였도다…'"(열왕기하 5:11). 그러나 다행히도 그는 늦게나마 자기 종의 권면을 듣고는 하나님의 사람의 말씀대로 행하여 병을 고치게 되었고, 참하나님을 발견하는 축복을 얻었습니다. "나아만이 이에 내려가서 하나님의 사람의 말씀대로 요단강에 일곱 번 몸을 잠그니 그 살이 여전하여 어린아이의 살 같아서 깨끗하게 되었더라"(14절). 자신의 생각과 상식을 굴복시키는 것은 참으로 위대한 일입니다. 자기의 마음을 다스리는 자는 성을 빼앗는 자보다 낫다고 한 말씀처럼(잠언 16:32 참조) 나아만은 그때까지 자기가 장군으로서 한 어떤 일보다도 더 위대한 일을 그 순간에 한 셈입니다.

우리는 과연 일상의 삶 가운데서 무엇을 기초로 하여 살고 있습니까? 나아만 장군이 처음에 보였던 반응처럼 "내 생각에는…" 하면서, 여전히 내 명철, 내 상식, 또는 내 습관, 아니면 세상 사람들이 별 생각 없이 자연스럽게 하고 있는 방법을 따라 살고 있습니까? 그렇지 않으면 성경 말씀을 근거로 하여 살고 있습니까? 하나님께서는 분명히 말씀하십니다. "너희는 이 세대를 본받지 말고 오직 마음을 새롭게 함으로 변화를 받아 하나님의 선하시고 기뻐하시고 온전하신 뜻이 무엇인지 분별하도록 하라"(로마서 12:2). 바로 말씀을 통하여 하나님의 뜻을 분별하고 그 뜻을 따라 행하는 자들이 되어야 합니다. 우리 일상생활의 사소한 영역에서부터 이렇게 말씀에 기초하여 생각하고 판단하고 결정하고 실천하는 것이 생활화될 때 우리 삶 전체가 말씀 중심으로 바뀌게 되는 것입니다.

그리스도인이 하나님의 말씀을 모르는 것도 심각한 문제이지만, 아는 말씀조차도 그 의식 구조와 사고방식을 변화시켜 놓지 못한 상태에 있는 것은 더욱 심각한 문제입니다. 말씀을 지식적으로는 많이 알되 그 말씀으로 말미암아 삶이 변화되지 못하면 도리어 교만해지기만 하기 때문입니다. 그러므로 우리는 말씀을 많이 아는 것으로 자랑할 것이 아니라 말씀대로 사는 것에 더 관심을 기울여야 합니다. 이런 관심 가운데 살 때 그 사람의 삶은 말씀의 기초 위에 든든히 세워지게 되고 말씀이 그의 삶의 문화로 형성되게 됩니다.

베드로도 말씀을 따라 행하는 삶의 한 좋은 본을 우리에게 보여 주고 있습니다. 언젠가 베드로는 다른 제자들과 함께 밤이 새도록 고기를 잡기 위해 수고하였지만 한 마리도 잡지 못하였습니다. 그때 예수님께서는 물가에 서서 무리들을 가르치시다가 베드로의 배로 오르셨습니다. 거기서 다시 얼마간 무리를 가르치신 뒤 예수님께서는 베드로에게, "깊은 데로 가서 그물을 내려 고기를 잡으라"고 말씀하셨습니다. 어부로 잔뼈가 굵은 베드로 자신이 밤새도록 이 방법 저 방법 다 써가며 수고를 했는데도 한 마리 못 잡았는데, 고기 잡는 것에 관하여는 별로 경험도 없으신 예수님께서 이렇게 말씀하실 때에 베드로에게는 어떤 생각이 들었겠습니까?

그는 이에 대하여 어떻게 반응을 보였습니까? "주님, 저도 별의별 방법을 다 써보며 잡으려고 했는데 다 허사였습니다. 오늘은 안 되겠으니 그냥 나가는 것밖에는 도리가 없습니다"라고 대답했습니까? 아닙니다. "선생이여, 우리들이 밤이 맞도록 수고를 하였으되 얻은 것이 없지마는 말씀에 의지하여 내가 그물을 내리리이다"(누가복음 5:5). 이것이 베드로의 대답이었습니다.

그는 자신의 기술이나 경험을 내세우거나 의지하지 않고 주님의 말씀에 의지하여 그물을 내렸습니다. "그리한즉 고기를 에운 것이 심히 많아 그물이 찢어지는지라"(6절). 그때 잡은 고기를 다 잡아 올리니 두 배를 가득 채워 잠기게 될 정도가 되었다고 했습니다. 하나님의 말씀에 의지하여 행한 삶의 축복이 어떠한가를 생생하게 보여 주고 있습니다.

사역의 초기에 나는 서울의 한 캠퍼스에서 사역을 하던 중에 갑자기 대전에 내려가 사역하라는 부탁을 받게 되었습니다. 나에 대한 그러한 결정은 처음에는 어떠한 면에서든 납득이 가지 않았습니다. 우리가 하던 사역은 그 당시에는 주로 캠퍼스를 중심으로 하는 것이었는데, 많은 캠퍼스가 있는 서울을 놔두고 불과 한두 개의 캠퍼스밖에 없는 대전으로 내려가 사역한다는 것은 선교 전략적인 면에서 볼 때도 타당하지 못한 것 같았습니다. 또한 그 당시 내가 상당히 만족스럽게 해나가던 사역을 떠나 다른 곳으로 간다는 것이 감정적으로도 매우 받아들이기가 어려웠습니다.

그러나 그때 주님께서는 사도행전 8장에서 전도자 빌립을 통해 역사하신 내용을 통해 나에게 새로운 시야를 열어 주셨습니다. 당시의 빌립도 사마리아 성에서 참으로 성공적인 사역을 하고 있었습니다. 그가 전하는 복음을 듣고 많은 무리가 그를 따랐고 성내에는 큰 기쁨이 있었다고 기록될 정도로 그는 놀랍게 복음의 역사를 일으키고 있었습니다 (사도행전 8:4-8 참조). 그러한 빌립에게 주님의 사자가 나타나 예루살렘에서 가사로 내려가는 길까지 가라고 명하였는데, 그 길은 사마리아와는 반대 방향에 있는 광야 사막 길이었습니다. 그가 받은 명령은 인간적 관점에서 볼 때 실로 이해하기 어려운 것이었습니다. 복음 들을 사람이 많이 있고 실제로 성공적으로 사역을 하고 있는 사마리아 지역을 떠나 사람도 거의 다니지 않는 광야 길로 나가라는 명령은 도저히 상식적으로 이해가 되지 않는 것이었을지도 모릅니다. 그러나 빌립은 이에 자신의 생각이나 상식을 고집하지 않고 즉각적으로 순종하여 따랐습니다. 그 결과로 그는 에디오피아 여왕의 내시를 만나 복음을 전하여 그 한 사람을 주님께로 인도하게 되었는데 이를 통해 그는 아프리카 대륙의 선교에 큰 영향을 준 인물이 되었다고 전해지고 있습니다.

그리하여 나도 사도행전 8장의 말씀을 읽으면서 나의 상식과 이해를 기초로 하여 행할 것이 아니라 오직 주님의 말씀에 순종하는 마음으로 따라야겠다고 결심하고 확신 가운데 대전으로 내려가 사역할 수 있었고, 그곳에서 주님의 놀라운 축복을 경험하며 참으로 나의 인생에서 빼놓을 수 없는 많은 귀한 것들을 배우게 되었습니다.

2. 기업이 있게 하시는 말씀

…그 말씀이 너희를 능히 든든히 세우사 거룩케 하심을 입은 모든 자 가운데 **기업이 있게 하시리라**.

사도 바울이 그들을 말씀께 부탁한 두 번째 이유는 그 말씀이 그들을 능히 든든히 세워 줄 뿐만 아니라 기업이 있게 하시는 말씀이기 때문이었습니다.

기업이라고 하는 것은 대대의 선조나 부모로부터 물려받은 유산을 의미합니다. 유업, 분깃, 산업, 상속, 후사, 몫 등 여러 가지 다른 말로도 불리고 있습니다. 구약시대에는 하나님께로부터 받은 토지가 기업의 주된 의미였는데, 이것은 하나님께서 은혜로 주시는 선물로 받아들여졌습니다. 하나님께서는 축복을 온 세계에 미치게 하기 위하여 그 터로서 먼저 자기의 백성을 택하시고 이들에게 살아갈 토지와 이 토지에 따르는 모든 축복을 주셨습니다. 토지 외에 종, 가축, 우물, 그 밖에 가문의 여러 가지 재산 등도 기업으로 상속되곤 했습니다.

신약에서는 만물의 상속자이신 예수 그리스도 안에서 우리가 누릴 수 있는 모든 분깃, 모든 축복들이 곧 이 기업입니다. "너희가 그리스도께 속한 자면 곧 아브라함의 자손이요, 약속대로 유업을 이을 자니라"(갈라디아서 3:29). 이 땅에서 우리가 누릴 기업은 하나님께서 약속으로 주신 세계 비전과 지상사명입니다. "아브라함이나 그 후손에게 세상의 후사가 되리라고 하신 언약은 율법으로 말미암은 것이 아니요 오직 믿음의 의로 말미암은 것이니라"(로마서 4:13). 이 말씀에서처럼 우리는 온 세상을 기업으로 물려받게 되었으며 이것은 오직 믿음의 의로 말미암은 것입니다. 이제 우리는 하나님께서 우리에게 기업으로 주신 약속의 땅인 온 세상으로 나아가야 합니다. 세상으로 나아가 사람들을 복음을 통해 하나님께로 이끄는 이 일이야말로 우리가 이 땅에서 누릴 수 있는 가장 큰 기업인 것입니다.

또한 하늘나라에서는 그리스도와 함께 누릴 수 있는 모든 영적인 축복들이 우리에게 약속되어 있는데 이것이야말로 우리의 산 소망이 되는 기업입니다. "찬송하리로다. 우리 주 예수 그리스도의 아버지 하나님이 그 많으신 긍휼대로 예수 그리스도의 죽은 자 가운데서 부활하심으로 말미암아 우리를 거듭나게 하사 산 소망이 있게 하시며, 썩지 않고 더럽지 않고 쇠하지 아니하는 기업을 잇게 하시나니 곧 너희를 위하여 하늘에 간직하신 것이라"(베드로전서 1:3-4).

그런데 이 땅에서와 하늘나라에서의 이 놀라운 기업을 우리가 누릴 수 있도록 해주는 것이 바로 하나님의 말씀이라고 사도행전 20:32에서 일러 주고 있습니다. 말씀을 어떻게 믿고 이 말씀을 따라 이 세상에서 어떤 삶을 사느냐에 따라 그 결과로 받는 기업이 달라집니다. 지상사명을 성취함으로 얻을 선교의 기업과 그리스도를 닮아 가는 인격으로 말미암아 누리는 기업, 그리고 하나님의 뜻을 따라 사는 결과로 말미암아 하늘나라에서 받는 다른 모든 상급과 기업들이 모두 말씀을 중심으로 하여 사는 삶의 결과로 오는 것입니다. 이것을 생각할 때 우리의 모든 삶의 방향이 말씀에 따라 바뀌고 말씀에 의해 결정되어야 하는 것은 너무나도 당연합니다.

말씀이 기업이 있게 하신다는 사실을 믿는다면 그 말씀 안에서 더욱더 성장해야겠다는 새로운 영적 열망이 마음속으로부터 불타올라야 합니다. 날마다 말씀을 더 잘 알아 가고, 말씀에 대한 사랑이 깊어 가며, 또한 그 말씀에 순종하는 면에서 발전해야 하는 것입니다. 우리는 말씀 안에서 성장하는 일을 위하여 무엇보다도 열심히 기도해야 합니다. 대부분의 사람들이 이 세상에서의 여러 가지 필요를 위해서는 자연스럽게 열심히 기도하는 것을 봅니다. 그러나 우리에게 기업이 있게 하시는 것이 말씀이라는 사실을 믿는다면 우선 자신이 말씀을 통하여 영적으로 성장하는 일을 위해 기도해야 할 것입니다. 나아가서 우리는 믿는 각 사람에게 하나님께서 기업으로 주신 이 세계를 위하여 기도해야 합니다. 온 세계를 하나님께로 인도하라고 주신 지상사명을 위하여 우리는 얼마나 기도하고 있습니까?

에서는 아브라함에게 약속하신 모든 기업을 이을 자로 태어났었습니다. 그의 출생 자체가 큰 축복이었습니다. 그러나 그에게는 눈앞에 보이는 팥죽 한 그릇이 하나님의 기업보다도 더 크게 보였습니다. 결국 그는 일시적인 육신의 만족을 줄 뿐인 그 팥죽 한 그릇에 영원한 축복이 약속되어 있는 기업, 곧 장자의 명분을 팔아 버렸습니다. 이 행위에 대하여 어떤 사람들은 대체로 인간적으로 에서 편에 서서 그를 동정하며 많이 이해해 주려는 경향이 있는 것 같습니다. 누구든지 그런 처지에 처하게 되면 그럴 수도 있지 않겠느냐 하며 애써 그를 변호하려는 것입니다. 그러나 이것은 어디까지나 인간적인 사고방식입니다. 말씀에 기초한 사고방식이 아닙니다.

성경 말씀은 에서의 이와 같은 행위에 대해 '망령된 행위'라고 진단하고 있습니다. "음행하는 자와 혹 한 그릇 식물을 위하여 장자의 명분을 판 에서와 같이 망령된 자가 있을까 두려워하라"(히브리서 12:16). 그가 망령된 자가 된 이유는 하나님의 약속에 대한 지식이 없어서가 아니었습니다. 말씀을 잘 몰라서가 아니라 그 말씀의 약속이 그의 사고방식을 바꿔 놓지 못했기 때문이며, 말씀의 가치관이 그의 개인적 가치관으로 확립되지 못했기 때문이었습니다. 그는 장자의 명분에 들어 있는 기업에 대해 알긴 알되 그 영원한 가치를 무시해 버리고 죽 한 그릇에 팔아 버렸던 것입니다. 나중에 방성대곡하며 후회하고 축복을 기업으로 받으려고 구하였지만 소용없었습니다(창세기 27:34, 히브리서 12:17). 하나님께서 말씀을 통해 보여 주신 영원한 가치가 있는 기업을 위해 살지 않고 세상적 가치를 추구하며 사는 사람의 결국은 에서와 같이 될 수밖에 없습니다.

성경 말씀은 모든 그리스도인에게 기업에 대한 약속을 주고 있습니다. 하나님의 말씀은 우리의 기업이 무엇이며 그것이 얼마나 가치 있는 것인가를 가르쳐 주고 또한 그 기업을 얻을 수 있는 비결도 가르쳐 주기 때문에, 말씀을 떠나서 우리가 기업을 받을 수 있는 길은 없습니다. 문제는 우리에게 있습니다. 하나님의 말씀과 그 안에 약속되어 있는 기업에 대하여 우리가 어떠한 믿음과 태도를 갖느냐에 달려 있는 것입니다. 말씀의 가치관이 우리 각 사람의 개인적인 가치관으로 확립되지 못한 상태에서는 누구나 에서처럼 당령된 자가 될 수 있습니다. 우리는 각자 자기 자신을 돌아보아야 합니다. 혹시 우리 중에 일시적인 세상 것에 마음이 사로잡혀 영원한 가치가 있는 하나님의 기업에 대하여는 무관심한 사람은 없습니까? 나중에 방성대곡해도 소용없습니다. 지금 즉시 돌이켜 올바른 가치관 속에서 살아가야 합니다. 사도 바울은 말씀에 대하여 믿음과 순종의 자세를 갖고 말씀의 가치관을 자기 개인의 가치관으로 삼는 자들에게 능히 기업이 있게 하시는 것이 말씀이므로 성도들을 말씀께 부탁하였습니다.

3. 은혜의 말씀

지금 내가 너희를 주와 및 그 **은혜의 말씀**께 부탁하노니….

사도 바울은 에베소 교회 장로들을 하나님의 말씀께 부탁한다고 말하면서 그 말씀을 은혜의 말씀이라고 했습니다. 이 점에 또한 우리는 주의를 기울여야 합니다. 하나님의 말씀은 물론 능력의 말씀이고 지혜의 말씀이며 또한 영원불변의 말씀이며 살아 있는 말씀입니다. 또 잘 아는 바와 같이 하나님의 말씀은 거룩한 말씀이며 진리의 말씀입니다. 이 여러 가지 말씀의 특성 중 사도 바울이 특별히 은혜의 말씀이라고 강조하여 표현한 이유는 무엇입니까?

  그 이유는 말씀에 대한 우리의 가장 기본적이며 순수한 태도는 그것을 은혜의 말씀으로 받는 것이기 때문이라고 생각합니다. 두려움의 말씀 또는 명령의 말씀이기 이전에 은혜의 말씀입니다. 전혀 자격과 가치가 없는 자에게 헤아릴 수 없는 축복을 선물로 주는 말씀이기 때문입니다. 그러나 많은 사람들은 하나님의 말씀을 은혜의 말씀으로 받기보다는 힘든 명령이나 간섭의 말씀, 혹은 두려움의 말씀, 심지어는 억압의 말씀으로 받는 경향이 있습니다. 그렇기 때문에 말씀에 대한 즐거움을 잃어버리는 것입니다. 말씀을 지식적으로 배우기는 즐거워하지만 말씀을 순종하는 데에는 즐거움이 없는 이유는 말씀을 은혜의 말씀으로 받고 있지 않기 때문에 그런 것입니다.

우리가 모든 성경 말씀을 은혜의 말씀으로 받아야 할 이유는 얼마든지 있습니다. 첫째는 성경 말씀에서 증거하고 있는 복음 자체가 은혜이기 때문에 말씀은 은혜의 말씀인 것입니다. 죄에 빠져 영원한 형벌의 고통을 당할 수밖에 없는 자들을 위하여 하나님께서 친히 형벌의 대가를 치르시고 구원의 길을 만들어 주신 사실을 기록하고 있기 때문에 성경은 은혜의 말씀입니다. 그러므로 사도 바울은 이 은혜의 복음 증거하는 일을 위해서라면 자기의 생명을 조금도 귀한 것으로 여기지 않는다고 말했던 것입니다(사도행전 20:24 참조).

또한 무가치한 나에게 말씀을 주신 것 자체가 은혜입니다. 대부분의 사람에게 있어서 편지를 쓴다는 것은 매우 어려운 일 중의 하나로 알려져 있습니다. 자기가 사랑하는 사람이든지 아니면 자기에게 어떤 도움을 줄 수 있는 사람에게 특별한 목적을 가지고 편지를 쓰고자 할 때에는 그래도 비교적 쓰기가 용이합니다. 그러나 어떤 관계를 맺더라도 자기에게 전혀 유익을 주지 못할 사람에게 편지를 쓰는 것은 매우 힘들 것입니다. 그럼에도 불구하고 하나님께서는 연약하고 죄 가운데 빠져 전혀 무가치할 뿐만 아니라 도리어 하나님께 원수처럼 행하던 우리 각자에게 간절한 사랑의 편지를 쓰셨습니다. 성경 말씀은 바로 이루 헤아릴 수 없는 축복의 약속들로 가득 차 있는 하나님의 사랑의 편지입니다. 그러므로 성경 말씀은 우리에게 은혜의 말씀입니다.

세상의 철학을 비롯한 각 분야의 여러 이론들은 한때 온 세상을 사로잡을 듯이 유행하다가도 어느 사이엔가 시들고 사라져 버리곤 합니다. 그러나 수많은 세월이 흐르고 인간의 역사는 바뀌어도 하나님의 말씀은 영원히 변치 않습니다. "그러므로 모든 육체는 풀과 같고 그 모든 영광이 풀의 꽃과 같으니 풀은 마르고 꽃은 떨어지되 오직 주의 말씀은 세세토록 있도다 하였으니 너희에게 전한 복음이 곧 이 말씀이니라"(베드로전서 1:24-25). 아무리 좋은 것이라도 어느 제한된 기간 동안만 가치가 있는 것이라면 누가 그것을 신뢰하겠습니까? 그러나 하나님의 말씀은 이처럼 영원히 변치 않으므로 그 속에 나타난 하나님의 은혜를 항상 신뢰할 수 있고 누릴 수 있습니다. 그러므로 모든 말씀을 큰 은혜로 받을 때 하나님을 올바르게 이해할 수 있고 하나님과 더욱 가까워질 수 있으며 또한 그 말씀 가운데서 즐거움을 누릴 수 있는 것일니다.

  그러면 말씀을 은혜로 받는다는 것은 어떻게 하는 것을 의미합니까? 한 가지 예로 디모데후서 4:2 말씀의 경우를 생각해 보겠습니다.

> **너는 말씀을 전파하라. 때를 얻든지 못 얻든지 항상 힘쓰라. 범사에 오래 참음과 가르침으로 경책하며 경계하며 권하라.**

  이 말씀을 우리가 읽을 때 우리 마음속에는 어떤 생각이 떠오릅니까? 이 말씀에 대한 우리의 첫 번째 반응은 그 말씀을 명령으로 받아들이는 것입니다. 그 명령이 어떤 명령인가는 바로 앞의 1절 말씀을 보면 더욱 실감나게 느낄 수 있습니다. "하나님 앞과 산 자와 죽은 자를 심판하실 그리스도 예수 앞에서 그의 나타나실 것과 그의 나라를 두고 엄히 명하노니"(1절). 이와 같이 디모데후서 4:2의 명령은 엄한 명령입니다. 하나님 앞과 산 자와 죽은 자를 심판하실 자 앞에서 엄히 명한다고 한 것입니다. 그 명령이 얼마나 엄한 것이었으면 하나님을 생각하게 하면서 명령하고 또한 심판을 생각하게 하면서 명령했겠습니까?

그런데 이렇게 엄한 하나님의 명령의 말씀을 내가 어떻게 은혜의 말씀으로 받을 수 있겠느냐 하는 것입니다. 이 말씀을 깊은 생각 없이 읽으면 엄하고 두려운 명령의 말씀으로만 들릴 수도 있지만, 좀 더 깊이 묵상해 보면 참으로 큰 은혜의 말씀이라는 것을 깨닫게 됩니다. 왜냐하면 하나님의 말씀을 전파하라는 명령은 단순히 명령에 그치는 것이 아니라 엄청난 특권이기 때문입니다.

천국 복음을 전파하는 것은 하나님 나라의 대사로서의 직분을 수행하는 것입니다. 이 세상 나라 어느 정부라도 대사를 다른 나라에 파견할 때 아무나 택하여 내보내지 않습니다. 가장 믿을 만하며 자질과 능력이 인정되는 사람을 택하여 보냅니다. 그러므로 하나님께서 말씀을 전파하라고 명령하신 그 말씀 속에는 우리 각 사람을 향한 그의 무한하신 사랑과 신뢰가 들어 있는 것입니다. 따라서 이 명령의 말씀조차도 우리에게 엄청난 은혜의 말씀이 됩니다.

또한 성경 말씀 속에는 엄한 꾸지람의 말씀도 들어 있습니다. 그러나 이러한 꾸지람의 말씀도 또한 은혜의 말씀임을 기억해야 합니다. 우리는 그 꾸지람을 싫어하지 말고 기쁜 마음으로 받아야 합니다. "오직 하나님은 우리의 유익을 위하여 그의 거룩하심에 참예케 하시기"(히브리서 12:10) 때문입니다. 하나님의 말씀은 그것이 위로의 말씀이든지 또는 명령의 말씀이든지, 아니면 징계의 말씀이든지, 모두 우리 각 사람의 유익을 위하여 주신 것입니다. 히브리서 12:8 말씀을 보면, 하나님께서 우리를 사랑하는 참아들로 여기시기 때문에 징계하신다고 하였습니다. "징계는 다 받는 것이거늘 너희에게 없으면 사생자요 참아들이 아니니라."

그러므로 어떠한 종류의 하나님의 말씀을 대하든지 그 표면에 드러나 있는 것만이 아니라 그것과 연관된 전체적인 것 곧 하나님의 궁극적인 뜻을 생각해 보면 우리는 언제나 하나님의 크신 은혜를 발견하게 됩니다. 그렇게 될 때 우리는 실로 하나님의 말씀을 즐길 수 있게 되고 또한 그 말씀으로 말미암아 삶이 변화하게 됩니다. 그러므로 성경 말씀을 개인적으로 읽든지 암송하든지 또는 공부를 하든지, 아니면 설교 시간 등을 통해 듣든지 할 때, 무엇보다도 필요한 것은 그 말씀을 은혜로 받아들이는 것입니다. 은혜의 말씀으로 받지 않고 두려움이나 간섭의 말씀 혹은 힘든 명령으로만 받으면, 처음에는 순종하는 듯하다가도 지속적으로 하지는 못하게 되는데, 이러한 사람은 말씀으로 말미암아 삶이 변화되는 것을 경험하지 못하고 맙니다.

시편 119편 92절에 보면 "주의 법이 나의 즐거움"이라고 하였고, 또 54절에 보면 "주의 율례가 나의 노래"가 되었다고 하였습니다. 또한 164절에서는 "주의 의로운 규례를 인하여 내가 하루 일곱 번씩 주를 찬양하나이다"라고 했습니다. 이 시편의 기자와 같이 우리는 과연 하나님의 말씀을 나의 즐거움으로 삼고, 하나님의 말씀으로 노래를 하고, 또한 그 말씀으로 인하여 주님을 찬양하고 있습니까? 우리가 하나님의 말씀을 은혜로 받기만 한다면 우리의 입술과 마음을 통하여도 저절로 주님께 대한 찬양의 노래가 울려 퍼질 것입니다.

우리 모두는 너나없이 연약하고 흠이 많으며 부족한 것이 많은 사람들입니다. 그렇기 때문에 하나님께서는 우리에게 은혜를 베풀어 주신 것입니다. 우리에게 은혜가 필요하기 때문에 은혜를 베풀어 주신 것입니다. 그 말씀도 연약한 우리를 세워 주시기 위하여 은혜로 베풀어 주신 것입니다. 그러므로 성경에 기록된 모든 내용들을 이제부터는 은혜로 받고 따를 줄 알아야 되겠습니다.

4. 능히 …하시는 말씀

…그 말씀이 너희를 **능히** …하시리라.

사도 바울은 에베소 교회 장로들을 말씀께 부탁한다고 할 때 그 말씀이 그들을 "능히" 든든히 세워 줄 것을 확신했습니다. 우리도 그와 동일한 확신을 가져야 합니다. 우리의 삶을 세우는 데에는 육체적인 필요, 정신적인 필요 및 영적인 필요 등 전체적인 영역에서의 필요가 채워져야 합니다. 이 세상에 있는 어떤 시설이나 기관, 어떤 도구나 자료, 또는 어떤 이론이나 철학 등은 극히 부분적인 필요를 채우는 데 도움을 주고 있을 뿐이지만, 성경 말씀은 이 모든 영역의 필요를 다 채워 줄 수 있습니다.

하나님의 말씀은 살았고 운동력이 있어 좌우에 날선 어떤 검보다도 예리하여 혼과 영과 및 관절과 골수를 찔러 쪼개기까지 하며 또 마음의 생각과 뜻을 감찰하나니. (히브리서 4:12)

이와 같이 하나님의 말씀은 영적 생명이 없는 자에게 새 생명을 주어 구원받게 하는 능력이 있고, 영적으로 병든 자를 능히 치료하는 능력이 있습니다. 그뿐 아니라 우리는 하나님의 말씀대로 살기만 하면 육체적으로나 정신적으로나 건강하게 살아갈 수 있습니다. 이 세상에 있는 무서운 질병 중에는 하나님의 말씀을 따라 살지 않고 무절제와 방종에 빠짐으로 인하여 생기는 것들이 얼마나 많습니까? 요즈음, 사람들은 대개 건강에 좋다고 하기만 하면 무엇이든지 먹는 것 같습니다. 뱀, 개구리, 지렁이, 굼벵이, 짐승의 피, 온갖 희귀한 들풀 종류 등 몸에 좋다 하면 그 모양이 징그럽다든지 맛이 역겹다든지는 아랑곳하지 않고 잘도 먹는 것 같습니다. 그러나 진정으로 건강한 삶을 살고자 한다면 그 모든 것보다도 말씀을 열심히 섭취해야 한다고 믿습니다.

하나님께서는 이사야 55:11 말씀을 통하여 이렇게 약속하셨습니다. "내 입에서 나가는 말도 헛되이 내게로 돌아오지 아니하고 나의 뜻을 이루며 나의 명하여 보낸 일에 형통하리라." 하나님의 말씀은 살았고 운동력이 있으므로 하나님의 뜻을 능히 이루고 돌아온다고 약속하신 것입니다. 그러므로 우리가 복음 전하러 나아갈 때에도 우리 자신의 지혜와 언변의 부족 때문에 고민할 필요가 없습니다. 성경 말씀을 올바르게 사용하기만 하면 그 말씀이 복음을 듣는 사람의 혼과 영과 및 관절과 골수를 찔러 쪼개며 그 마음의 생각과 뜻을 감찰하여 그의 필요에 맞는 것으로 채워 주고 마침내 그를 변화시키는 것입니다. 복음 증거에 누구보다도 뛰어났던 사도 바울이 전도할 때에 자신의 말과 지혜의 아름다운 것으로 하지 아니했던 이유도 바로 이 때문이었습니다(고린도전서 2:1-5, 로마서 1:16 참조).

하나님의 말씀은 우리 일생 전체의 삶을 인도하시는 일도 능히 하실 수 있습니다. 시편 119:105에서 시편 기자는 "주의 말씀은 내 발에 등이요, 내 길에 빛이니이다"라고 했습니다. 이것은 하나님의 말씀이 우리의 인생 여정 모든 길에서 우리를 능히 인도하실 수 있다는 것을 보여 줍니다. 태어나면서부터 오늘날에 이르기까지 우리 각 사람에게는 늘 인도자가 있었습니다. 어릴 때부터 먹여 주시고 키워 주신 부모님들이 있고 또 배우는 일에서 우리를 인도하신 여러 선생님들도 있습니다. 또는 어떤 특별한 운동을 했다면 그 운동이 숙달되도록 인도하신 코치가 있을 것입니다. 이들은 모두 각자가 알고 있는 지식이나 능력의 수준 또는 우리 각 사람을 도울 수 있는 기간 등의 영역에서 제한을 받고 있는 사람들입니다. 그러나 하나님의 말씀은 그 능력이나 기간에 제한이 없습니다. 우리 평생에 걸쳐 넉넉히 우리를 인도하실 수 있습니다.

디모데후서 3:16은 하나님의 말씀이 어떻게 구체적으로 우리를 인도하시는가를 보여 주고 있습니다.

모든 성경은 하나님의 감동으로 된 것으로 교훈과 책망과 바르게 함과 의로 교육하기에 유익하니.

먼저 **교훈**은 우리 삶의 방향을 제시해 주는 일입니다. 우리가 어떤 길을 가며 어떤 일을 해야 할지를 구체적으로 가르쳐 주는 것입니다. 우리는 이제 말씀의 교훈을 통해 제시된 대로 앞으로 나아갑니다. 그런데 우리는 자신도 모르게 조금씩 좌로나 우로 치우칠 때가 있을 수 있습니다. 그러면 하나님의 말씀은 이 사실에 대하여 경고해 주며 **책망**을 합니다. 그쪽으로 가면 안 된다고 가르쳐 주는 것입니다. 이런 책망을 받을 때 물론 그 즉시로 순종하여 방향을 바로잡고 나아가야 합니다. 말씀은 또한 우리에게 잘못된 것을 지적해 줄 뿐만 아니라 어떻게 그런 잘못으로부터 벗어나 바른 길로 걸을 수 있는지를 가르쳐 주는데 이것이 **바르게 함**입니다. 그러나 이런 책망을 받고도 즉시 돌이키지 않고 계속 죄에 머물러 있을 수가 있습니다. 이때에도 말씀은 여전히 포기하지 않고 우리를 인도해 줍니다. 그리고 말씀은 우리를 건져 주는 것으로 그치지 않고 다시 힘있게 바른 길을 갈 수 있도록 우리를 단련시키고 훈련시키는데 이것이 바로 **의로** 교육하는 일입니다.

사람의 경우에는 주로 교훈만 하는 사람도 있고, 늘 책망만 하는 사람도 있으며, 잘못된 곳에 빠진 사람을 건져 주기만 하는 사람도 있습니다. 그러나 성경 말씀은 교훈과 책망과 바르게 함과 의로 교육하는 모든 영역에서 언제든지 우리를 인도하고 도와줄 수 있습니다.

다윗은 시편 19:7-8 말씀을 통하여 주님의 말씀이 얼마나 능력이 있으며 사모할 만한지를 노래하고 있습니다.

> 여호와의 율법은 완전하여
> > 영혼을 소성케 하고,
> 여호와의 증거는 확실하여
> > 우둔한 자로 지혜롭게 하며,
> 여호와의 교훈은 정직하여
> > 마음을 기쁘게 하고,

여호와의 계명은 순결하여
　　눈을 밝게 하도다.

첫째, 하나님의 말씀은 완전하여 영혼을 소성케 합니다.

소성케 한다는 말은 '본래 상태로 회복시키다' 혹은 '부활시키다'라는 뜻입니다. 그러므로 하나님의 말씀은 사망에 처한 영혼은 다시 살리는 능력이 있고, 무기력한 영혼에게는 새로운 영적 활력을 주어 본래의 상태로 회복시켜 주는 능력이 있습니다.

혹 영혼의 갈등을 안고 있거나 낙심한 사람이 있습니까? 우리는 낙심하게 될 때, 흔히 본능적으로 혼자 있고 싶어 하든지, 아니면 오락이나 취미 또는 음악이나 미술 등의 예술 작품의 감상 등을 통하여 위로를 받고 힘을 얻고자 애쓰는 때가 있습니다. 그러나 이런 것이 우리의 영혼을 근본적으로 소성케 해주는 것은 아닙니다. 이런 것은 부분적으로 우리의 어떤 감정적 필요를 채워 줄 수 있을지는 몰라도 영혼을 소성케 해주지는 못합니다. 오직 성경 말씀만이 완전하여 영혼을 소성케 해줄 수 있습니다. 그러므로 활력이 넘치는 영적인 삶을 살길 원하는 사람은 언제든지 이 말씀으로 돌아가야 합니다.

둘째, 성경 말씀은 확실하여 우둔한 자를 지혜롭게 합니다.

우리가 혼돈 가운데서 방황할 때 성경 말씀은 확실한 삶의 목표와 방향을 제시해 주기 때문입니다. 각 사람은 자신에게 주어진 시간과 재물 또는 관심을 자신이 생각하기에 가장 가치 있고 의미 있는 일에 투자하게 됩니다. 그의 삶의 목표도 여기서 정해지게 됩니다. 어떤 사람이 지혜로운 투자를 했는지 어리석은 투자를 했는지는 그 결과로 판가름되는 것입니다. 성경 말씀은 세상 만물의 결국이 어떻게 될지를 보여 줌으로써 우리가 참으로 어디에 우리 삶을 투자해야 할지를 가르쳐 주기 때문에 우리를 지혜롭게 합니다.

당신은 과연 어디에 당신의 삶을 투자하고 있습니까? 그 투자가 지혜로운 투자라고 장담할 수 있습니까? 무엇보다도 그것은 결과가 확실한 것입니까? 베드로후서 3:10 말씀은 이 세상 만물의 결국을 이렇게 보여 주고 있습니다. "그러나 주의 날이 도적같이 오리니 그날에는 하늘이 큰 소리로 떠나가고 체질이 뜨거운 불에 풀어지고 땅과 그중에 있는 모든 일이 드러나리로다(타지리라)." 우뚝 솟은 빌딩, 아름다운 집, 멋진 옷, 수많은 책, 이 모든 것이 "뜨거운 불에 풀어지리라"고 했습니다. 이런 것이 전혀 무가치하다는 것은 아닙니다. 다만 우리 전 생애의 삶을 투자할 만큼 가치 있다고는 볼 수 없다는 것입니다. 왜냐하면 이런 것은 결국 썩어지고 불에 타 없어질 것이라고 하나님께서 분명히 말씀하셨기 때문입니다. 나는 나의 일생에 걸친 투자의 결과가 모두 불에 타버리고 한 줌의 재로 남는 것을 원치 않습니다.

하나님께서는 말씀을 통하여 우리가 투자할 만한 가치가 있는 확실한 것이 무엇인가도 아울러 보여 주셨습니다. 그것은 불에 타 없어질 것이 아니라 영원한 가치가 있는 것입니다. 곧 하나님의 말씀과 사람들입니다. "풀은 마르고 꽃은 시드나 우리 하나님의 말씀은 영영히 서리라"(이사야 40:8). "이 세상도 그 정욕도 지나가되 오직 하나님의 뜻을 행하는 이는 영원히 거하느니라"(요한일서 2:17). 말씀 속에는 우리가 어떻게 구체적으로 이 하나님의 말씀과 사람들에 우리 삶을 투자할 수 있는지도 나타나 있습니다. 그러므로 이 확실한 하나님의 말씀을 따라 삶을 투자하는 사람은 비록 세상적으로는 우둔하게 보일지 몰라도 하나님 앞에서는 가장 지혜로운 삶을 사는 것입니다.

셋째, 말씀은 **정직하여** 마음을 기쁘게 합니다.

사람들은 대부분 다른 사람들의 면전에서는 그들

을 기분 좋게 해주려고 애쓰는 경향이 있습니다. 그렇기 때문에 때로는 다른 사람들의 마음에 드는 이야기를 하느라고 사실보다 터무니없이 과장하여 말하기도 합니다. 당장 듣기에 기분 좋은 이야기를 하기는 오히려 쉽습니다.

그러나 어떤 사람이 병원에서 진단을 받은 결과 중병이라는 사실을 주위에서 먼저 알고 이것을 본인에게 알려야 할 때라든지, 시험 낙방 소식을 알릴 때든지, 혹은 어떤 사업에 대한 기대가 가득 부풀어 있는 사람에게 그 일을 하게 되면 실패할 것이라는 전망을 사실대로 이야기해 주어야 할 때, 또는 어떤 사람에게 그 자신은 잘 모르고 있는 고쳐야 할 어떤 나쁜 습관 등에 대하여 이야기해 주어야 할 때에 우리는 마음에 갈등이 생기는 것을 경험하곤 합니다. 즉, 다른 사람의 기대나 감정에 거스르는 어떤 사실을 말해야 할 때는 어려움을 느끼는 것입니다. 이 때문에 사실대로 이야기해 주는 것이 본인에게 유익할 때조차도 사실대로 정직하게 이야기해 주지 못하는 때가 많은 것입니다.

그러나 성경 말씀은 정직하여 우리의 마음을 기쁘게 해준다고 했습니다. 물론 처음에는 우리를 괴롭히는 것처럼 들릴지도 모릅니다. 하나님의 말씀은 조금도 꾸밈없이 "당신의 죄는 이렇소," 또는 "당신의 문제는 이것이오"라고 사실대로를 우리에게 알려 주기 때문입니다. 그런 말을 들을 때 처음에는 마음이 상할지도 모르지만 결국 자기 자신의 실상을 올바로 알고 그 해결책을 얻게 되므로 마음의 참기쁨을 누릴 수 있게 되는 것입니다. 그러므로 어떤 문제 가운데 있어 마음에 참기쁨이 없을 때 우리는 먼저 우리 자신의 상태를 가장 정직하게 판단해 주고 그에 맞는 해결책을 제시해 주는 말씀으로 돌아가야 합니다. 부모라도 사실대로 이야기하지 못하고 가장 가까이 지내는 친구라도 말하지 못하는 나의 실상을 하나님의 말씀은 있는 그대로 말해 줍니다. 나의 문제, 나의 고칠 점, 그리고 나의 부족한 점 등을 사실대로 이야기해 줄 사람이 과연 얼마나 있습니까? 그러나 하나님의 말씀은 살아 있고 운동력이 있을 뿐만 아니라 정직하여 우리에게 결국은 참기쁨을 안겨 줍니다.

넷째로, 하나님의 말씀은 **순결하여 눈을 밝게 해** 줍니다.

순결치 못한 것, 즉 더러운 욕심은 우리의 영의 눈을 어둡게 만들어 영적인 시야로 앞을 내다보지 못하게 합니다. 이런 상태에 있는 사람은 자신의 제한된 시야로 모든 것을 판단해 버리고 그릇된 길로 빠지게 됩니다. 다른 사람의 제안과 권면에는 주의를 기울이지 않습니다. 그야말로 눈에 보이는 것이 없습니다. 그러나 하나님의 순결한 말씀 앞에 나오면 그의 눈이 깨끗하게 되고 밝아져서 올바른 영적 분별력을 갖게 됩니다.

이처럼 올바른 영적 분별력을 가지고 있는 사람은 환난을 당하더라도 그 가운데 있는 하나님의 선하신 뜻을 밝히 보기 때문에 낙심하지 않습니다. "다만 이뿐 아니라 우리가 환난 중에도 즐거워하나니 이는 환난은 인내를, 인내는 연단을, 연단은 소망을 이루는 줄 앎이로다"(로마서 5:3-4). 욥은 극심한 고난 가운데서도 바로 이 '순결하여 눈을 밝게 하는 하나님의 말씀'을 매일 먹는 음식보다도 귀중히 여기며 지킴으로써 영적 분별력이 흐려지지 않았고 결국 승리할 수 있었습니다. "나의 가는 길을 오직 그가 아시나니 그가 나를 단련하신 후에는 내가 정금같이 나오리라.… 내가 그의 입술의 명령을 어기지 아니하고 일정한 음식보다 그 입의 말씀을 귀히 여겼구나"(욥기 23:10,12). 그러므로 절망 가운데서 앞이 캄캄할 때든지 혹은 영적 분별력이 흐려져 있다고 느낄 때에는 언제든지 '순결하여 눈을 밝게 하는' 말씀으로 돌아가야 합니다.

IV. 말씀에 대한 열망과 결심

1. 말씀 섭취의 열망

어린아이나 노인이나 대개 건강하고 정상적인 사람은 식욕이 좋아 여러 가지 음식을 골고루 잘 섭취합니다. 그리하여 우리는 흔히 식욕이 떨어지는 것을 보고는 건강 상태가 나쁘다는 것을 알아차리기도 합니다. 이것은 영적으로도 마찬가지입니다. 대개 영적으로 건강한 사람은 하나님의 말씀을 왕성하게 섭취하기 때문입니다. 그러므로 우리가 음식을 먹지 못하거나 식욕이 없는 경우들을 살펴보면 말씀 섭취에 관하여 귀한 교훈들을 얻을 수 있으리라 생각합니다. 음식을 먹지 못하거나 식욕이 없는 사람들을 크게 분류해 보면 대개 죽은 사람, 병든 사람, 간식을 많이 하는 사람, 게으른 사람, 그리고 지나치게 바쁜 사람 등으로 생각해 볼 수 있습니다.

첫째로, 죽은 사람이 음식을 전혀 섭취할 수 없는 것처럼 영적인 생명이 없는 사람이 하나님의 말씀을 영적인 양식으로 섭취하지 못하는 것은 당연한 것입니다. "육에 속한 사람은 하나님의 성령의 일을 받지 아니하나니 저희에게는 미련하게 보임이요, 또 깨닫지도 못하나니 이런 일은 영적으로라야 분변함이니라"(고린도전서 2:14). 이 말씀에서 보여 주듯이 육에 속한 사람 즉 영적 생명이 없는 사람은 말씀을 보아도 깨닫지 못하며 또 받아들이지도 않기 때문에 말씀을 자기 삶의 양식으로 삼지 못하는 것입니다.

성경 말씀은 각 사람이 먼저 자신을 돌아보아 자기가 거듭난 자인지 스스로 확증하라고 도전하고 있습니다. "너희가 믿음에 있는가 너희 자신을 시험하고 너희 자신을 확증하라. 예수 그리스도께서 너희 안에 계신 줄을 너희가 스스로 알지 못하느냐? 그렇지 않으면 너희가 버리운 자니라"(고린도후서 13:5). 아직도 거듭나지 않은 사람이라면 무엇보다도 먼저 예수님을 주님으로 영접함으로써 영적으로 거듭나야만 합니다. 하나님께서는 약속하셨습니다. "영접하는 자 곧 그 이름을 믿는 자들에게는 하나님의 자녀가 되는 권세를 주셨으니"(요한복음 1:12).

둘째로, 영적인 생명은 있으되 병든 상태에 있는 사람은 역시 말씀의 양식을 제대로 섭취하지 못합니다. 그리스도인이 영적으로 병든 상태에 있다는 것은 경건한 가운데 머물지 않고 죄 가운데 빠져 있는 것을 의미합니다. 아담이 범죄한 다음에 하나님을 두려워하여 숨었던 것처럼 죄 가운데 있는 사람은 일반적으로 하나님의 말씀을 가까이하길 두려워하며 싫어하게 됩니다. 또한 식욕이 없을 때 자꾸 먹으라고 권하는 것이 싫어지듯이, 이럴 때는 말씀을 권유하는 사람까지 미워지기도 합니다.

모든 병의 치료는 자기의 느낌대로 하는 것이 아니라 올바른 진단과 처방에 따라 해야 하는 것입니다. 성경 말씀은 영적인 병의 원인인 죄를 어떻게 해결해야 하는지를 분명하게 보여 주고 있습니다. "자기의 죄를 숨기는 자는 형통치 못하나, 죄를 자복하고 버리는 자는 불쌍히 여김을 받으리라"(잠언 28:13). 이와 같이 죄를 자복하고 버릴 때 영적인 병은 치료되는 것이며, 우리는 사죄에 대한 확신을 갖고 다시 말씀에 대한 왕성한 식욕을 되찾을 수 있게 됩니다.

가끔 성경을 읽지만 그 깊은 맛을 제대로 알지 못하는 사람이 있다면 이런 사람도 자신의 영적인 건강 상태가 그리 좋지 못하다는 것을 알아차리고 빨리 정상으로 회복해야 합니다. 사실 입맛이 없을 때 밥을 먹는 것이 그리 즐겁기만 한 일은 아니듯이, 말씀에 대한 의욕이 없을 때 말씀을 섭취하는 것도 그리 쉬운 일은 아닙니다. 어렸을 때 몸이 아파 식욕이 떨어지면 자연히 식사를 거르곤 했는데, 그럴 때마다 흔히 어른들로부터 들었던 말씀이 있습니다. '약 삼아서라도 먹으라'는 말씀입니다. 마찬가지로 말씀에 대한 의욕이 없을 때일수록 우리는 참으로 '약 삼아서'라도 부지런히 말씀을 섭취해야 합니다. 그렇게 할 때 살았고 운동력이 있어 우리의 모든 영적인 병을 치료하고 강건케 하시는 하나님의 말씀의 능력을 체험케 됩니다.

 셋째로, 간식을 많이 하는 사람이 대개 제때의 식사를 그리 즐기지 못하듯이, 영적인 삶의 주식인 하나님의 말씀 외에 다른 책들을 많이 보게 될 때에 역시 말씀을 즐기지 못하게 됩니다. 잡지나 그 밖의 다른 세상적인 책들뿐만이 아니라 기독교에 관한 책 혹은 성경에 관한 책이라 할지라도 성경 말씀 자체보다도 간식에 해당하는 이런 것들에 더 집착하게 되면 오히려 해가 될 수 있습니다. 하나님의 말씀은 순전하기 때문에 여러 가지 감미료를 넣은 세상의 다른 책들에 비해 처음에는 맛이 없는 것처럼 느껴질지도 모릅니다. 그러나 그 참맛을 알게 되면, 그것이 다른 어떤 것보다도 달고 오묘한 맛이 있는 말씀임을 깨닫게 됩니다. "주의 말씀의 맛이 내게 어찌 그리 단지요! 내 입에 꿀보다 더하니이다"(시편 119:103).

때로 성경을 고전에 속하는 책들 중의 하나 정도로만 여기는 사람들이 있습니다. 이들은 말씀을 자신의 영적인 삶에 자양분을 주는 양식으로 대하지 않고 마치 햇볕에 바싹 말리거나 방부제 처리를 한 다음에 진열대에 올려 전시해 놓은 어떤 옛날 음식물의 표본을 대하듯이 대하는 것입니다. 이들은 성경 말씀을 마치 전시물 관람하듯이 구경만 하고 지나치거나 혹은 그것으로부터 어떤 도덕적 교훈이나 역사적 자료 따위를 발견하는 것으로 그치곤 합니다. 그리고는 오히려 간식에 해당하는 신앙 서적 등을 더 많이 보기도 합니다. 간식이 다 나쁜 것은 아니지만 주식보다 더 많이 섭취할 때 해가 될 수 있듯이 이런 영적인 양식의 섭취에 있어서도 마찬가지입니다. 우리의 영적 주식은 다른 것이 아니라 영원히 순전하고 신령한 젖인 하나님의 말씀인 것입니다(베드로전서 2:2 참조).

넷째로, 영적으로 게으른 삶을 사는 사람은 말씀에 대한 간절한 열망이 없습니다. 게으르게 하루를 보냈을 때, 혹은 늦잠을 자고 일어난 아침에는 별로 입맛이 없는 것을 경험하게 되는데, 우리의 영적인 삶에서도 역시 그렇습니다. 간절히 기도하며 열심히 전도하며 또한 부지런히 교제하는 삶을 살 때 우리는 하나님의 말씀의 맛을 더욱 깊이 느끼게 되며 즐기게 됩니다. 맛있게 먹은 음식이 소화도 잘 되듯이 이렇게 즐거움 가운데 섭취한 하나님의 말씀은 그대로 우리 삶에 흡수되어 영적 활력이 되어 주는 것입니다.

마지막으로, 지나치게 바쁜 사람은 음식을 제대로 섭취하지 못하는 것을 봅니다. 이런 사람들의 건강이 그리 좋을 리 없습니다. 바쁜 직장 생활을 하느라 식사를 불규칙하게 하고 흔히 인스턴트식품으로 끼니를 때우곤 했더니 위장을 버리게 되었다고 말하는 사람들을 자주 보게 됩니다. 게으른 것도 문제지만 너무 바쁜 것도 문제입니다. 하나님의 말씀을 섭취하지 못하는 가운데 여러 가지 다른 활동들로 바쁜 것은 더욱 큰 문제입니다.

당신이 만약 직업상의 일로 너무 바빠서 하루 세 끼 음식 먹을 시간을 내지 못하는 상황이 계속된다면 결국 생명을 잃게 될 텐데, 그런데도 당신은 그 일을 그대로 계속하겠습니까? 직업을 바꾸든지 아니면 일하는 방식이라도 바꾸지 않겠습니까? 만약 학생인 경우라면, 공부 때문에 식사할 시간이 전혀 없을 정도로 바쁜데도 계속 그 공부를 하겠습니까? 그럴 사람은 아무도 없을 것입니다. 그리고 사실상 그런 정도로 계속해서 바쁜 사람도 없습니다. 아무리 바쁘다고 하여도 최소한 식사할 시간은 내는 것입니다. 그런데 영적인 양식인 말씀을 섭취하기 위해서도 그렇게 하고 있습니까? 우리가 영적인 사람이 되고자 한다면 최소한 육신의 양식을 먹는 데 들이는 시간만큼은 영적인 양식을 섭취하는 데에도 시간을 들여야 하지 않겠습니까?

말씀을 섭취하지 못하거나 말씀에 대한 의욕이 없는 이유는 지금까지 살펴본 것 외에도 여러 가지가 있을 것입니다. 그러나 여기서 우리에게 중요한 것은 그 이유들을 핑계 거리로 삼지 않고 적극적인 자세로 해결하는 것입니다. 또한 말씀 안에 그 모든 문제에 대한 해결책이 있음을 믿고 나아가는 것입니다. 하나님은 사모하는 영혼을 만족케 하시며 주린 영혼에게 좋은 것으로 채워 주시는 분이십니다(시편 107:9 참조). 시편 기자는 말씀에 대한 열망을 이렇게 나타냈습니다. "내가 새벽 전에 부르짖으며 주의 말씀을 바랐사오며, 주의 말씀을 묵상하려고 내 눈이 야경이 깊기 전에 깨었나이다"(시편 119:147-148). 당신도 이런 열망이 있습니까?

2. 말씀에 대한 결심과 실행

우리는 말씀을 대할 때에 흔히 그 말씀을 깨닫게 해달라고 기도합니다. 말씀을 깨달아 알고자 하는 열망은 물론 중요합니다. 그러나 이것만으로는 부족합니다. 깨달음과 더불어 있어야 하는 것은 그 깨달은 말씀을 지키는 것입니다. 시편 기자는 이렇게 기도하였습니다.

여호와여, 주의 율례의 도를 내게 가르치소서. 내가 끝까지 지키리이다. 나로 깨닫게 하소서. 내가 주의 법을 준행하며 전심으로 지키리이다. 나로 주의 계명의 첩경으로 행케 하소서. 내가 이를 즐거워함이니이다. (시편 119:33-35)

참으로 이 시편의 기자는 말씀을 깨달아 알기를 열망하였으며 이를 위해 주님께 간절히 기도하였습니다. 그러나 그는 말씀을 단지 깨달아 아는 것만으로는 만족하지 않았습니다. 그는 "끝까지" 그리고 "전심으로" 그 말씀을 지키겠다는 결심을 하였습니다. 그리고 그는 하나님의 말씀을 따라 사는 삶을 위하여 기도하였습니다. "나로 주의 계명의 첩경으로 행케 하소서."

어떤 기회를 통하여든 우리가 하나님의 말씀을 들을 때에 우리에게 있어야 할 기본적인 태도는 바로 이 '말씀을 지키겠다'는 결심입니다. 그러므로 우리도 하나님의 말씀을 대할 때에 깨닫게 해달라고 기도할 뿐만 아니라 순종하여 실행할 수 있도록 해달라고 기도해야 합니다. 그리고는 끝까지 전심으로 말씀을 따라 행해야 합니다. 말씀을 깨닫고도 실행하지 않으면 말씀으로 말미암아 나의 의식 구조가 바뀌고 사고방식이 변화되는 일은 일어날 수 없습니다. 또한 개인적 가치관이 말씀의 토대 위에 확립될 수 없습니다.

하나님의 말씀은 우리 삶의 모습을 비춰 주는 거울과도 같습니다. 참으로 정직하게 있는 그대로의 우리 모습을 비춰 줍니다. 거울을 보고 자기 얼굴에 티가 묻어 있는 것을 발견하고도 즉시 없애지 않고 그냥 두거나 나중에 없애겠다고 뒤로 미루는 사람은 거의 없습니다. 거울을 보고는 즉시로 어떤 행동을 취하고 나서 거울을 떠나는 것이 보통입니다. 우리 삶을 비춰 주는 하나님의 말씀을 보고 난 뒤에도 역시 즉시로 말씀에서 보여 준 대로 실행해야 합니다. 하나님의 말씀을 듣고도 행하지 않는 사람에 대하여 성경은 이렇게 말하고 있습니다.

> 누구든지 도를 듣고 행하지 아니하면 그는 거울로 자기의 생긴 얼굴을 보는 사람과 같으니, 제 자신을 보고 가서 그 모양이 어떠한 것을 곧 잊어버리거니와, 자유하게 하는 온전한 율법을 들여다보고 있는 자는 듣고 잊어버리는 자가 아니요 실행하는 자니, 이 사람이 그 행하는 일에 복을 받으리라. (야고보서 1:23-25)

전도자 빌립은 성령께서 명령하실 때 즉시 그대로 행한 본을 보여 주고 있습니다. "성령이 빌립더러 이르시되, '이 병거로 가까이 나아가라' 하시거늘, 빌립이 달려가서 선지자 이사야의 글 읽는 것을 듣고 말하되, '읽는 것을 깨닫느뇨?'"(사도행전 8:29-30). 이처럼 빌립은 성령께서 병거로 가까이 가라고 하셨을 때, 느린 걸음으로 걷는다든지 다른 곳에 들렀다 간 것이 아니라, 즉시 그리로 달려갔던 것입니다. 우리도 말씀을 통해 하나님의 음성을 들을 때 이와 같이 즉각적으로 행동에 옮겨야 합니다.

그리고 그것을 끝까지 전심으로 지켜야 합니다. 하나님께서는 이런 사람이 그 행하는 일에서 축복을 경험하게 되리라고 약속하셨습니다. 그러므로 깨달음에 대한 열망과 끝까지 전심으로 지키겠다는 결심을 가지고 말씀을 대하고, 이렇게 하여 깨닫게 된 말씀은 즉시 그대로 실행하십시오. 이렇게 할 때 당신의 삶은 말씀 중심의 삶으로 발전하게 됩니다. 지금 당신의 삶은 과연 말씀 중심으로 이루어지고 있습니까? 하나님께 쓰임받는 사람은 바로 말씀 중심의 삶을 사는 사람입니다.

> 그것이 너의 다닐 때에 너를 인도하며,
> 너의 잘 때에 너를 보호하며,
> 너의 깰 때에 너로 더불어 말하리니.
> 잠언 6:22

개인 적용

1. 말씀 중심의 삶을 살 때의 축복이 무엇이라고 생각합니까? 당신의 삶을 말씀 중심으로 계발하기 위하여 더욱 힘써야 할 것은 무엇입니까?

2. 다음의 적용을 위한 질문들을 읽고 각각에 대하여 실제적이며 구체적인 계획을 세워 보십시오.
    1) 설교를 들을 때 기록하는 습관을 가지면 더 주의하여 경청하게 되고, 나중에 그것을 복습할 수 있으며, 또한 그 말씀을 삶에 구체적으로 적용하는 데에도 도움이 됩니다. 기록하는 면에서 새롭게 결심해야 할 사항이 있습니까?

2) 지금까지 성경을 다 읽어 본 적이 있습니까? 어떤 이는 자기 나이 수만큼 성경 전체를 읽는 것을 목표로 세워 만년에는 자기 나이 수보다 더 많이 읽기도 했습니다. 성경 읽기에 있어서 당신은 어떤 목표와 계획을 세우겠습니까?

3) 정기적으로 성경을 공부하고 있습니까? 성경공부에 임하는 자신의 태도나 계획에 있어서 변화가 일어나야 할 것은 무엇입니까?

4) 시시때때로 말씀으로 인도받기에 제일 좋은 방법은 말씀을 정확하게 암송해 두는 것입니다. 실제적인 삶에서 때에 맞게 사용하기 위하여 말씀 암송에 대하여 어떤 새로운 목표와 계획을 세우겠습니까?

5) 하나님의 말씀에 즉시 순종하는 습관을 기르기 위하여 당신이 적용하고자 하는 것은 무엇입니까?

* 네비게이토 소책자 시리즈 *

1. 성경암송을 통하여 주님께로 돌아오다 ·············· 도슨 트로트맨
2. 시대의 요청 ······································· 도슨 트로트맨
3. 재생산을 위한 출생 ································ 도슨 트로트맨
4. 수레바퀴 예화 ·· 네비게이토
5. 일대일 사역 ·· 잭 그리핀

6. 제자의 특징 ··· 론 쎄니
7. 하나님의 뜻을 아는 법 ································ 러쓰 존스톤
8. 기도의 하루를 보내는 방법 ······························· 론 쎄니
9. 기도 응답을 받는 방법 ······························ 제리 브릿지즈
10. 경건한 여인 ·· 라일라 스팍스

11. 전도를 즐기는 삶 (영문판 : A Life That Enjoys Evangelism) ······ 하진승
12. 섬김을 위한 부르심 ······································ 레이 호
13. 정 직 ·· 헬렌 애쉬커
14. 그리스도를 닮아감 ···································· 짐 화이트
15. 최후의 승리를 얻기까지 ····························· 월터 헨릭슨

16. 전도의 열정 ··· 로버트 콜만
17. 영적인 의지력 ····································· 제리 브릿지즈
18. 사고방식의 변화 ····································· 조지 산체스
19. 대인 관계의 성서적 지침 ···························· 조지 산체스
20. 말씀의 손 예화 ······································· 네비게이토

21. 열 심 (영문판 : ZEAL) ································· 하진승
22. 원만한 결혼 생활 ····························· 잭 & 캐롤 메이홀
23. 조지 뮐러 ··· A.심즈
24. 말씀 중심의 삶 ··· 하진승
25. 주제별 성경 암송 제1권 ································ 네비게이토

26. 주제별 성경 암송 제2권 ································ 네비게이토
27. 주제별 성경 암송 제3권 ································ 네비게이토
28. 서로 돌아보아 ··· 하진승
29. 양 육 ·· 네비게이토
30. 경건이란 무엇인가 ································· 제리 브릿지즈

31. 권위와 복종 ··· 론 쎄니
32. 고난 중 도우시는 하나님 ·························· 샌디 에드먼슨
33. 기도의 특권을 누리자 ·································· 하진승
34. 은혜로운 말 ······································ 캐롤 메이홀
35. 하나님을 의뢰함 ··································· 제리 브릿지즈

36. 친밀한 부부 관계의 원리 ························ 짐 & 제리 화이트
37. 배우는 자로 살자 (영문판 : Live as a Learner) ············· 하진승
38. 합력하여 선을 이루시는 하나님 ······················ 리처드 크렌즈
39. 고난 중의 소망 ·· 덕 스팍스
40. 청년의 시기를 어떻게 보낼 것인가 (영문판 : How to Live Out Our Youth) ··· 하진승

＊ 네비게이토 소책자 시리즈 ＊

41. 약속을 주장하는 삶 ·· 덕 스팍스
42. 경건의 시간을 갖는 법 ······················· 워렌 & 룻 마이어즈
43. 개인의 중요성 ··· 론 쎄니
44. 헌 신 ·· 로버트 보드만
45. 내가 배운 교훈들 ······························· 오스왈드 샌더스

46. 하나님의 말씀은 ·· 하진승
47. 현숙한 여인 ·· 신시아 힐드
48. 어떻게 친구를 사귈 것인가 ···················· 제리 & 메리 화이트
49. 외로움을 느낄 때 ······························· 엘리자베스 엘리엇
50. 하나님께서는 당신의 직업을 귀히 여기신다 ········ 셔먼 & 헨드릭스

51. 자녀의 자부심을 키워 주는 법 ············· 게리 스몰리 & 존 트렌트
52. 직장 생활에서 극심될 때 ································ 덕 셔먼
53. 스트레스를 다루는 법 ···································· 단 워릭
54. 서로 의견이 엇갈릴 때 ······················· 잭 & 캐롤 메이홀
55. 그리스도인의 삶의 올바른 동기 ····················· 하진승

56. 나를 기뻐하시며 사랑하시는 하나님 ··············· 룻 마이어즈
57. 제자삼는 삶의 동기력 ································· 짐 화이트
58. 기도 - 보이지 않는 적과의 싸움 ····················· 제리 브릿지스
59. 효과적인 간증 ·· 데이브 도슨
60. 감격하며 살아야 할 그리스도인 ····················· 하진승

61. 믿음의 경주 ·· 잭슨 양
62. 사도 바울의 영적 지도력 ······················ 오스왈드 샌더스
63. CARE(서로 보살피는 부부) ····························· 하진승
64. 참 특이한 기도(PPP : Pretty Peculiar Prayers) ····· 하진승
65. 모세의 순종 ··· 웡킴톡

66. 상급으로 주신 자녀 ·· 하진승
67. 하나님께서 쓰시는 사람 ······················· 월터 헨릭슨
68. 기도의 본 ································· 워렌 & 룻 마이어즈
69. 다윗의 한 가지 소원 ·································· 조이스 터너
70. 생명을 구하는 삶 ······················· 피터슨 & 드렐켈드

71. 순종의 축복 ··· 마르다 대처
72. 참 좋으신 하나님 아버지 ····················· 리로이 아임스
73. 하늘에 보물을 쌓는 삶 ································ 잭 메이홀
74. 거룩 : 하나님게 성별된 삶 ························· 헬렌 애쉬커
75. 가정의 중요성(영문판 : Importance of Home & Family) ······ 하진승

76. 날마다 제 십자가를 지고 ······························· 하진승
77. 제자의 올바른 태도 ·· 론 쎄니
78. 주님의 부르심을 따라가는 삶 ························ 하진승

말씀 중심의 삶

1987년 9월 12일 초판 1쇄 발행
2009년 3월 25일 개정 1쇄 발행
2023년 5월 10일 개정 5쇄 발행

펴낸곳: 네비게이토 출판사 ©
주소: 03784 서울시 서대문구 연희로 16 (창천동)
전화: 02) 334-3305(대표), 334-3037(주문), FAX: 334-3119
홈페이지: http://navpress.co.kr
출판등록: 제10-111호(1973년 3월 12일)
ISBN 978-89-375-0338-2 02230

본 출판사의 서면 허락 없이는 본서의 전부 또는
일부의 무단 복제, 또는 원문에 대한 무단 번역을 금합니다.